Sergio Rizzo

Razza stracciona

Uomini e storie di un'Italia che ha perso la rotta

Rizzoli

ISBN 978-88-17-06268-8

Prima edizione: ottobre 2012

Realizzazione editoriale: Studio Editoriale Littera, Rescaldina (MI).

A chi crede ancora nel lavoro

1

Perché i tedeschi non siamo noi

Politici mediocri. Soldi facili e sempre meno coraggio. Così il Paese ha smesso di sognare

«Caro Corriere, ho letto che il signor Rizzo si stupisce perché la Ducati non è oggetto di attenzioni industriali italiane. E spiega che lo lasciano basito, questi signori industriali, che dovrebbero correre a comprarla. Ma evidentemente sono così sciocchi, o distratti certo, ma anche cattivi. Lo sa Rizzo che in Italia c'è l'articolo 18? Gli industriali sì. Lo sa che la tassazione è giunta al 54,4 per cento? Gli industriali sì. Lo sa che se un industriale va dal giudice per una questione di lavoro viene trattato male e perde la causa con regolarità sospetta? Noi sì. Caro Rizzo, il suo stupore deriva dal fatto che, per come scrive, Lei ha l'aria di uno che un'azienda grande o piccola che sia non l'ha mai veduta, non sa assolutamente cosa sia. Da questo il suo essere basito.» Firmato: Antonio Bicego, Vicenza.

Tra le varie lettere arrivate dopo che un editoriale del «Corriere» aveva sollevato il problema della Ducati, messa in vendita da Andrea Bonomi che ha realizzato un guadagno stratosferico vendendola ai tedeschi dell'Audi, questa è la più significativa. L'ha scritta un signore di Vicenza, che, dallo stile, fa l'imprenditore.

A parte la supposizione finale, dice cose verissime. L'articolo 18 dello Statuto dei lavoratori, che impone alle imprese con più di quindici dipendenti il reintegro di chi è licenziato senza giusta causa, è una peculiarità solo italiana. Quando l'hanno introdotto era il 1970, uscivamo dall'autunno caldo, c'era stata la strage di piazza Fontana, lo scontro sociale si stava radicalizzando. La norma era concepita per impedire discriminazioni e difendere i sindacalisti dalle ritorsioni. Gli effetti sono stati altri. Anche se non tutti credono che sia l'ipoteca più pesante per la crescita. Giorgio Squinzi sostiene per esempio che «non è l'articolo 18 a fermare lo sviluppo del Paese». Dà piuttosto la colpa a «burocrazia, costo dell'energia, mancanza di infrastrutture». Ne sa qualcosa? Il presidente della Confindustria ha 7500 dipendenti e 60 stabilimenti in giro per il mondo: 9 in Italia.

Paghiamo troppe tasse, giustissimo. Il livello della pressione fiscale, su lavoratori e imprese, è folle e ingiustificato. Le cause sono note. La spesa pubblica supera il 50 per cento della ricchezza prodotta nel Paese: per avere servizi in molti casi da Terzo mondo e sprechi da sceicchi arabi.

Ma c'è molto di più. L'Italia detiene insieme alla Grecia il record europeo dell'evasione fiscale, dell'economia sommersa, della corruzione. Nel 2011 il capo dell'ufficio studi della Confartigianato, Enrico Quintavalle, ha messo in fila tutti gli spread che ci separano dalla Germania, oltre al differenziale fra i rendimenti dei nostri Btp e dei loro Bund. Lo Stato tedesco paga i suoi fornitori privati in 35 giorni, mentre qui ci vogliono in media sei mesi. La pressione fiscale è di tre punti inferiore e in Germania il reddito medio è del 22 per cento superiore al nostro. Durante i dieci anni terminati nel 2011 la spesa pubblica corrente è aumentata in Italia a un ritmo triplo del loro. I dipendenti pubblici italiani costano l'11,1 per cento del Prodotto interno lordo, contro il 7,9 per cento di quelli tedeschi. Per mantenere la burocrazia dobbiamo impegnare il 18,4 per cento della spesa pubblica a fronte del 12 per cento in Germania: significa 50 miliardi l'anno in più. E stendiamo un velo pietoso sull'efficienza. Le tariffe dei nostri servizi pubblici sono aumentate nel 2011 otto volte più delle loro. In Italia l'energia è più cara del 23 per cento. Il costo dei servizi finanziari è salito nel 2010 del 2,6 per cento mentre in Germania è sceso del 3,4. Come le tariffe delle assicurazioni: lì calano dell'1,5 per cento, qui crescono del 5,3. Nei tre anni feroci della crisi, dal 2008 al 2011, il numero dei posti di lavoro si è ridotto in Italia del 2 per cento mentre in Germania è aumentato del 3,7. Il 62,5 per cento dei tedeschi di età compresa tra i 55 e i 64 anni ha un'occupazione, contro il 38 per cento degli italiani della stessa fascia anagrafica: il che spiega perché la nostra spesa pensionistica tocchi il 16 per cento del Pil quando la loro supera appena il 13 per cento. Ancora. Tasso di occupazione fra 15 e 24 anni: 20,5 per cento in Italia, 46,2 in Germania. Lavoratori meno che trentenni impegnati in percorsi di formazione: 7,5 per cento contro 38,3. Apprendisti: 502.029 contro 1.571.327. Donne occupate: 46,1 per cento contro 66,1. Adulti con grado di istruzione limitato alle medie inferiori: 44,8 per cento contro 14,2. Sequestro di prodotti contraffatti nel 2010:

262 ogni mille abitanti contro 29. Giorni necessari per una licenza di costruzione: 258 contro 97. Tempo medio per le procedure di import-export: 38 giorni contro 14. Durata media di un contenzioso commerciale: 1210 giorni contro 394. E le infrastrutture? La connettività internet con banda larga in Germania è superiore del 50 per cento alla nostra. Il 37 per cento dei cittadini tedeschi dialoga via web con la pubblica amministrazione: qui ci si ferma al 17 per cento. Da noi la rete ferroviaria è del 40 per cento circa meno sviluppata di quella della Germania, dove viaggia su ferro il 20,9 per cento delle loro merci, a fronte di un misero 9 per cento in Italia. In dieci anni la nostra rete autostradale si è incrementata del 2,3 per cento: cinque volte meno della tedesca.

Questa partita è un massacro. Finisce 50 a 0 per loro. Non resta che consolarci con il 4 a 3 del 1970 in Messico, il 3 a 1 della finale mondiale nel 1982, il 2 a 0 che gli abbiamo rifilato nella semifinale di Dortmund nel 2006 e i due gol di Mario Balotelli agli europei del 2012. Chi si accontenta gode. Se basta questo...

Gli industriali tedeschi sanno che in Italia c'è l'articolo 18. Lo sanno benissimo. Sanno pure che la pressione fiscale è al 54,4 per cento. E sono perfettamente al corrente di tutto il resto. La corruzione, che ci ha fatti scivolare nelle classifiche di Transparency International al 69° posto, cinquantacinque posti dietro a loro. La burocrazia. La lentezza della giustizia civile. La bassa produttività. Le carenze infrastrutturali. Ma pur essendo a conoscenza di tutto questo la comprano ugualmente. E questa è un'altra bella differenza fra Germania e Italia. No, signor Bicego?

Se non è più un Paese per le auto

«È una dura verità da accettare ma è proprio così», dice l'amministratore delegato della Power-One, Averaldo Farri, azienda che si occupa di energie rinnovabili. Che l'ha toccato con mano: «Da dirigenti industriali che riportano ad un gruppo di capitali americano, sappiamo esattamente cosa significhi non trovare, nel proprio Paese, interesse per la propria azienda. È successo anche a noi di Power-One. Sei anni fa eravamo parte del gruppo americano Magnetek, che entrò in crisi, e mise in vendita il suo gioiello, cioè la nostra azienda qui ad Arezzo. Eravamo circa 400 persone e facevamo 140 milioni di euro. Cercammo di fare un management buyout ma non trovammo nessun imprenditore pubblico o privato, né alcun istituto finanziario, che capì e che credette nel nostro progetto. Quindi ci acquistò l'americana Power-One che invece vide un grande potenziale nella nostra tecnologia e nei nostri prodotti. Adesso siamo 1200 persone e facciamo 585 milioni di euro (anno 2011). Quest'azienda poteva essere italiana e ciò per noi è un grande rimpianto. Ed è una storia che si ripete perché, purtroppo, un sistema Italia non esiste e non esiste più, da decenni ormai, una politica industriale indirizzata allo sviluppo. Neanche Confindustria è in grado di svilupparne una, prigioniera com'è di lobby e interessi particolari, spesso in netto contrasto con politiche innovative e con visioni di lungo periodo. Questa è la vera ragione per cui in Italia non attiriamo investimenti stranieri: non esiste una politica industriale che stabilisca linee guida per il medio, lungo termine. L'Audi potrà anche comprare la Ducati, ma mai si sognerebbe di trasferire qui da noi un loro stabilimento».

Magari Farri ha ragione. Ma se alla Volkswagen avevano pensato di comprare l'Alfa Romeo, e non per produrla in Serbia o in Polonia, ma a Mirafiori, forse vuol dire che in Italia (e a Torino) si possono ancora produrre automobili. Quantomeno c'è chi crede che sia possibile.

A quanto pare, non l'amministratore delegato della Fiat, Sergio Marchionne. Non più. Le parole che dice il 18 settembre 2012 al direttore della «Repubblica», Ezio Mauro, quando spiega perché il grande piano d'investimenti in questo Paese è abortito, non lasciano spazio a dubbi: «Quell'impegno era basato su cento cose, e la metà non ci sono più, per effetto della crisi. Lo capirebbe chiunque. Io allora puntavo su un mercato che reggeva, ed è crollato, su una riforma del mercato del lavoro, e ho più di 70 cause aperte della Fiom».

Esattamente sei anni prima Marchionne rispondeva invece così, sullo stesso giornale, alle domande di Salvatore Tropea: «Il costo del lavoro rappresenta il sette, otto per cento e dunque è inutile picchiare su chi sta alla linea di montaggio pensando di risolvere i problemi. Se avessi tagliato metà dei dipendenti, a parità di volumi, non avrei riportato Fiat auto in pareggio. Quando si perdono tre milioni al giorno, come succedeva fino a due anni fa, e uno pensa che sia colpa degli operai vuol dire che ha saltato qualche ponte sulla sua strada».

Era un altro mondo. Non c'era la crisi, la bolla dei mutui subprime non era ancora scoppiata, gli impiegati della Lehman Brothers erano al loro posto, seduti nei comodi uffici di Manhattan. Ma era un altro mondo per tutti: anche per Volkswagen, Audi, Bmw e Mercedes.

Allora, nel settembre 2006, quel Marchionne al quale il segretario dei Ds Piero Fassino, oggi sindaco di Torino, avrebbe dato con entusiasmo la patente di «socialdemocratico», dichiarava: «Se in Fiat fosse intervenuto uno straniero la morte sarebbe stata accelerata. Anche cedendo Fiat auto, regalandola a zero lire, sono certo che in dodici mesi sarebbe stata la fine. Con un socio proveniente dal settore automobilistico, alla prima difficoltà, sarebbero state penalizzate le fabbriche italiane, e questo dovevamo evitarlo a ogni costo e lo abbiamo fatto».

A settembre del 2012 afferma: «Io voglio una riforma del lavoro che ci porti al passo degli altri Paesi. Se la Fiat vuole essere partner di Chrysler, dev'essere affidabile». Una frase che spinge Massimo Mucchetti a scrivere sul «Corriere»: «Ma non ci era stato detto che era stata la Fiat a comprare la Chrysler? Adesso scopriamo che la legge la dettano dall'altra parte dell'Atlantico. Non perché siano capaci di fare macchine migliori, ma perché di là si guadagna, dopo aver perso a rotta di collo. E si guadagna perché il governo ha pagato con i denari dei contribuenti la chiusura di decine di stabilimenti e ha dunque tagliato i costi fissi di Detroit».

Marchionne ricorda che «siamo in ballo, il gran ballo della globalizzazione». Garantito. Altrettanto certo è che nel Vecchio Continente c'è un enorme eccesso di capacità produttiva. Questo da un bel po' di tempo, anche se nel 2006 il problema non era grave come nel 2012. Ma è assurdo dimenticare che una partita così difficile si gioca sui prodotti. E se ad agosto 2012 Bmw e Mercedes, che sfornano vetture di gamma e prezzo ben diversi, hanno superato la Fiat per numero di auto vendute in Europa, significa qualcosa. Un fatto che non si spiega di sicuro con quel «bagno di sangue sui prezzi» di cui Marchionne ha incolpato i vertici della Volkswagen. I listini, in questo caso, c'entrano come i cavoli a merenda. Pesano, piuttosto, gli errori strategici. Non tutti recenti, ovvio.

Impossibile dimenticare la sciagurata «diversificazione» degli anni Ottanta, quando la famiglia Agnelli anziché concentrarsi sull'auto investiva nelle costruzioni, nella finanza, perfino nel settore alimentare. Impossibile, anche perché quel fantasma di tanto in tanto riemerge: come quando nel 2009, mentre la Fiat sussurrava una richiesta di proroga della rottamazione per sostenere la domanda, la Exor della famiglia Agnelli trattava per comprare da Intesa Sanpaolo l'acquisto della finanziaria Fideuram. Impossibile dimenticare certe toppate storiche. Per esempio l'abbandono del mercato spagnolo con la cessione della Seat a vantaggio del concorrente più pericoloso, la tedesca Volkswagen, proprio mentre l'economia della Spagna, ormai libera dal franchismo, stava decollando. Per esempio l'acquisto dell'Alfa Romeo, perseguito al solo scopo di evitare l'arrivo di un concorrente straniero. Vent'anni più tardi Luca di Montezemolo avrebbe fatto pubblica ammenda: «Fra alcuni degli errori, pochi ma buoni, che la Fiat ha fatto nel passato, c'è stato quello di impedire l'arrivo della Ford nel mercato. Con una maggiore concorrenza c'è più qualità e quindi migliora la competitività».

Senza aiuti?

Marchionne rivendica di aver tirato fuori dai guai la Fiat «senza aiuti». A gennaio del 2011 Mucchetti gli ha fatto i conti in tasca, arrivando alla conclusione che per questa sua opera, fra compensi, azioni gratuite e stock option, «in 79 mesi al vertice Fiat totalizza un valore pari a 255,5 milioni. Ovvero, 38,8 milioni l'anno. Ogni anno Marchionne guadagna 1037 volte più del suo dipendente medio». Per di più ha la residenza in Svizzera: il che, secondo Maurizio Maggi dell'«Espresso», consentirebbe di risparmiare sulle tasse. Quanto agli aiuti, c'è chi gli rinfaccia che in passato il gruppo della famiglia Agnelli ha incamerato tali e tanti sussidi pubblici da non potersene oggi lavare le mani.

«Il vero problema della Fiat non sono i lavoratori, l'Italia o la crisi. Il vero problema sono i suoi azionisti di riferimento e il suo amministratore delegato. Sono loro che stanno facendo le scelte sbagliate o, peggio ancora, le scelte più convenienti per loro e i loro obiettivi, senza minimamente curarsi degli interessi e delle necessità del Paese. Paese che alla Fiat ha dato tanto, tantissimo, sicuramente troppo. Pertanto non cerchino nessun capro espiatorio, perché sarà solo loro la responsabilità di quello che faranno e di tutte le conseguenze che ne deriveranno», scrive in una nota ustionante l'imprenditore Diego Della Valle, socio del presidente della Ferrari e consigliere di amministrazione della Fiat Luca Cordero di Montezemolo. Dando il via a una scazzottata mai vista. «Dopo averla sparata grossa se ne stanno andando alla chetichella. La famiglia Agnelli torni a fare quello che ha sempre fatto e che ha sempre saputo fare meglio: sciate, veleggiate, belle passeggiate a golf. E lasci i problemi dell'Italia alle persone serie», insiste Della Valle durante una puntata de *L'Infedele* di Gad Lerner su La7. «Non capisco il suo livore. Sono stupito che alla sua età agisca in modo così irresponsabile», replica il presidente della casa automobilistica John Elkann, bollato insieme a Marchionne come «furbetto cosmopolita» dal patron della Tod's. Che non molla: «Questi improvvisati della Fiat ci vogliono raccontare perché non fanno automobili in Italia. La crisi esiste per chi non ha nulla da vendere». Marchionne s'innervosisce: «Con quello che investe lui in ricerca e sviluppo noi non ci facciamo nemmeno la parte di un parafango. La smetta di rompere le scatole».

La lista dei contributi pubblici incassati dalla Fiat, ricostruita da Marco Cobianchi nel suo libro del 2011 *Mani bucate* è impressionante. A cominciare dall'ultimo: 300 milioni deliberati dal Cipe per gli stabilimenti di Pomigliano D'Arco e Termini Imerese il 26 giugno 2009. Il successivo 9 novembre, rammenta Cobianchi, Marchionne dichiara pubblicamente a Zurigo: «Nel 2004 eravamo disastrati e non abbiamo mai chiesto aiuto a nessuno. Non abbiamo chiesto una lira al ministro Giulio Tremonti». Ma andando a ritroso ci s'imbatte in cifre ancora più consistenti, come i 3000 miliardi di lire sborsati dallo Stato italiano per lo stabilimento di Melfi. E ci sono poi i sussidi ottenuti per gli stabilimenti all'estero, per esempio i 250 milioni di euro del governo serbo. Senza contare i contributi arrivati alle controllate, la rottamazione, la cassa integrazione... Un conto preciso, insomma, è impossibile.

Va detto che l'industria automobilistica è sussidiata quasi dappertutto, nel mondo. Gli Stati Uniti hanno rilanciato l'auto *made in Usa* con cospicui fondi pubblici. La Peugeot ha evitato il licenziamento di 8000 dipendenti grazie ai contributi statali. Va pure ricordato che dappertutto gli aiuti pubblici non sono andati esclusivamente all'auto. Ma soltanto in Italia gli incentivi hanno assunto forme tanto creative. E hanno avuto effetti tanto devastanti.

La droga dei sussidi

Cobianchi, nel libro appena ricordato, racconta che soltanto fra il 2003 e il 2008 sono state approvate «1307 leggi di incentivazione, 91 da parte dello Stato e 1216 da parte delle amministrazioni locali», aggiungendo che negli stessi sei anni hanno goduto delle agevolazioni pubbliche 840.000 imprese. Nonostante questo fiume di denaro, l'economia italiana ha registrato la crescita più bassa d'Europa. Gli incentivi hanno semplicemente drogato il sistema: anziché investire nell'innovazione, molte imprese hanno preferito pagare avvocati e consulenti capaci di far incassare gli aiuti. La competitività non è aumentata, al contrario della corruzione. Le ruberie si sono moltiplicate: il procuratore generale di Caltanissetta Roberto Scarpinato ha rammentato che pure la mafia si è proficuamente inserita nell'affare dei contributi a fondo perduto: «Grazie [...] alla vanificazione di tutte le regole e di tutti i controlli, [...] i miliardi di euro erogati dallo Stato con la Legge 488 del 1992 e poi i miliardi di euro erogati dall'Unione europea per promuovere lo sviluppo delle aree depresse [...] sono finiti nel Sud in larga misura nel buco nero dello sperpero clientelare e nelle tasche di pochi imprenditori di riferimento di alcuni padrini politici e di tanti pseudo imprenditori truffatori.»

Quanti imprenditori bravissimi a criticare uno Stato spendaccione, inefficiente e miope sono inchiodati alla greppia dei sussidi? E c'è stato un presidente di Confindustria prima di Squinzi che abbia detto con la stessa chiarezza basta ai soldi pubblici? Quanti imprenditori si sono opposti all'offerta di denari dello Stato dicendo «No, grazie...»? Quando c'era da far comprare l'Alitalia alla cordata di privati guidata da Roberto Colaninno l'imprenditore privato Silvio Berlusconi, incidentalmente presidente del Consiglio, fece convocare a Palazzo Chigi l'amministratore delegato di Invitalia Domenico Arcuri per convincerlo a mettere quattrini nell'operazione. «Siamo nelle sue mani», l'avrebbe implorato il sottosegretario Gianni Letta. Ci salvò dal salasso Giulio Tremonti, allora ancora ascoltato dal Cavaliere: «Rischiamo due fallimenti invece di uno, non è cosa». Meno male.

Gli italiani se la prendono con i politici inetti e corrotti. Hanno ragione da vendere. Se rischiamo il naufragio la responsabilità principale è di una classe politica mediocre ripiegata sulla difesa degli interessi personali anziché impegnata nella tutela del bene collettivo. Un Paese che tassa le rendite speculative al 12,5 per cento e l'economia reale al 48 per cento non crede più al lavoro. Ma se siamo arrivati a questo, e nessuno quelle regole le cambia, non è colpa solo della politica. C'è un pezzo altrettanto importante di classe dirigente corresponsabile dell'andazzo di questo Paese e di tutti i suoi difetti: la scarsa competitività, la mancanza di produttività, la crescita inesistente. Sono gli imprenditori che puntano sempre il dito verso lo Stato inefficiente e sprecone, senza rendersi conto di essere altrettanto inefficienti e spreconi e affetti dalla stessa malattia che ci paralizza: l'incapacità di guardare lontano. Almeno oltre la prossima relazione semestrale. I banchieri che con una mano negano il credito alle piccole imprese con la scusa della crisi, e con l'altra intascano stipendi e «bonus» sempre più alti: in barba alla crisi. E magari consentono ai piduisti di fare affari milionari. I costruttori che al riparo dei partiti si arricchiscono facendo scempio del territorio. Non che altrove non accada. Ma non è questa la regola.

Eppure quanto siamo bravi, a parole. «Creare valore per gli azionisti»: quante volte l'avete sentito questo concetto, stella polare degli anni Duemila? «Vogliamo massimizzare il valore per tutti gli azionisti», dice al «Financial Times» Roberto Colaninno dopo aver scalato Telecom Italia con i debiti accollati a Telecom Italia. «Creeremo valore anche per i piccoli azionisti. Guardo pochissimo nel breve all'andamento di Borsa. Io penso ai risultati aziendali, alla gestione, e rispetto il giudizio del mercato», assicura il suo successore Marco Tronchetti Provera, che ha fatto la stessa cosa. A distanza di dieci anni la situazione è tale, ha scritto sull'«Espresso» il professor Riccardo Gallo, ex vicepresidente dell'Iri e sostenitore delle privatizzazioni, che per rimetterla in carreggiata si torna a parlare di cedere la rete. Bella creazione di valore, non c'è che dire. Forse per gli azionisti, cambiati tre volte in otto anni. L'ultimo, per inciso, spagnolo: Telefonica. Ma per il Paese?

Straccioni

Poco tempo dopo lo scoppio della crisi più grande del secondo dopoguerra, si è sparsa la notizia che nelle banche svizzere non c'era più una cassetta di sicurezza libera. Il tam tam delle banche diceva che gli italiani si erano precipitati in massa a riempirle. Quando il governo Monti ha cominciato a intensificare i controlli sugli yacht, i porti italiani si sono svuotati e in quelli della Corsica non c'era più un metro quadrato di pontile disponibile. Di soldi, in questo Paese, ce ne sono. E tanti. Ma non è più l'Italia del miracolo economico, delle sfide, di chi si mette in gioco, di chi guarda al futuro. È l'Italia del 12,5 per cento di tasse sulle rendite parassitarie. L'Italia dove metà delle società chiude i bilanci perennemente in perdita, ma ci sono sempre più Suv da 90.000 euro e barche da oltre venti metri. L'Italia degli «imprenditori» che si buttano in politica per non fallire. L'Italia dei finanzieri che usano i soldi degli azionisti come «Er Batman», il capogruppo del Pdl alla Regione Lazio Franco Fiorito, utilizzava i denari pubblici. L'Italia dei professionisti del bluff. L'Italia degli speculatori senza scrupoli che devastano il territorio. L'Italia degli intermediari spregiudicati che si arricchiscono facendo affari anche con il Diavolo. O con la mafia. L'Italia degli «industriali» che preferiscono buttare valanghe di soldi nelle squadre di calcio piuttosto che investirli a Pompei.

Ecco come la Razza padrona resa celebre nel 1974 da Eugenio Scalfari e Giuseppe Turani ha lasciato pian piano il posto alla Razza stracciona.

2

Il Ministero degli imprenditori

Sembra la Casa Bianca di Obama
ma è la Confindustria italiana

«Carrozzone» chiamavano l'Aima, ente che una volta distribuiva i sussidi agli agricoltori. «Carrozzoni» sono le Regioni: il palazzo dove Luciano Salce girò il primo film di Fantozzi è la sede della Regione Lazio, che coincidenza. L'Eni, quando era in mano ai partiti, era un «carrozzone». L'Iri, altro «carrozzone». Efim, Egam, e poi Sviluppo Italia, agenzie pubbliche, consorzi di bonifica, Province, municipalizzate, authority, Ente per il turismo, Alitalia, Banca del Sud, ministeri, partiti, persino il governo. Tutti «carrozzoni». Qualunque cosa di emanazione pubblica, prima o poi, si è beccata quell'insulto. «Carrozzone»: che cosa c'è di peggio? «Ente parastatale o a partecipazione statale, organismo politico o istituzione di qualsiasi genere, creati allo scopo di offrire a parecchia gente la possibilità di ricoprire posti lucrosi o di prestigio», dice il vocabolario Treccani della lingua italiana. In nessun dizionario troverete una definizione del tipo: «Carrozzone: associazione imprenditoriale».

Eppure uno che l'ha scritto c'è. E perché non ci sia alcun equivoco a proposito di questo concetto, il 14 settembre 2012 Gabriele Centazzo ha comprato tre pagine di pubblicità sul «Corriere della Sera». Riempiendole di parole squassanti, per il presidente degli industriali Giorgio Squinzi. Un assaggio? «La Confindustria purtroppo ha acquisito ormai gli stessi vizi della politica italiana: sprechi, troppe poltrone, quasi zero investimenti, quasi totale consumo delle risorse nell'improduttivo sostegno dell'immenso baraccone.» Variazione sul tema: «Baraccone». Per la Treccani, «organismo, istituzione di struttura troppo complessa, caotica, mal funzionante, in cui c'è disordine e confusione».

Centazzo insiste: «La situazione non è certo cambiata con l'arrivo del nuovo presidente Giorgio Squinzi. Che è un bravissimo imprenditore, ma certamente non sarà l'uomo che riuscirà, con forza e coraggio, a ristrutturare il grande carrozzone che ha il compito di dare voce al mondo delle imprese italiane». L'uno-due è micidiale. Perché il signor Centazzo non è un eccentrico anticapitalista in cerca di pubblicità. È un imprenditore, maturo, di 63 anni: nato a Maniago, in provincia di Pordenone. Niente da spartire con quelli che si definiscono come lui «imprenditori», ma poi passano il tempo più a cercare contributi pubblici e favori dai politici o a fare i giochetti finanziari. Fabbrica cucine dal lontano 1980. C'è chi lo potrà considerare un imprenditore stravagante, dopo aver letto il manifesto della sua industria, che si propone innanzitutto «il rispetto dell'uomo e dell'ambiente». In ogni caso, la Valcucine fattura una quarantina di milioni l'anno, ha un paio di centinaia di dipendenti e vende in tutto il mondo. Pure con i bilanci in utile: a differenza di quasi metà delle società di capitali italiane, le quali, chissà perché, chiudono regolarmente in perdita ma continuano a esistere. Masochiste.

Centazzo attacca a testa bassa, su tutti i fronti. Attacca le 267 organizzazioni della Confindustria, «che vuol dire altri 267 presidenti con autista e segretaria e 267 direttori». Attacca gli 11-vicepresidenti-11 che Squinzi, dice, «si è subito premurato di nominare per non scontentare nessuno». Attacca il costo, enorme, di un sistema che nel 2010 avrebbe assorbito quasi mezzo miliardo di euro di contributi pagati dalle imprese, contro i 23 milioni degli organismi imprenditoriali analoghi in Francia e Inghilterra: «Noi paghiamo venti volte di più. Ma dove vanno tutti questi soldi? Solo la sede centrale di Confindustria è costata 39,3 milioni di euro. Grande sede significa anche grande spazio per le poltrone, significa poter accontentare tutti». Per arrivare a questa conclusione: «Penso che i miei colleghi imprenditori, specialmente i piccoli e i medi, non abbiano mai preso conoscenza di che fine facessero i loro soldi, impegnati come sono a sviluppare le loro aziende. Avanzo una proposta: diamo una disdetta in massa dall'associazione. La nostra azienda l'ha già fatto».

La risposta della Confindustria è affidata a Paolo Zegna, presidente di un comitato tecnico per l'internazionalizzazione: «Che sia grossa, sì. Ma un carrozzone non lo definirei. C'è sempre bisogno di cure dimagranti e della massima efficienza...». E si chiude lì.

Centazzo è una pulce. Vada o resti, poco importa. La Confindustria ha le spalle grandi. Ma se è Sergio Marchionne a sbattere la porta, allora è una faccenda diversa. «Cercherò di esperire ogni tentativo per far rientrare la Fiat», proclama Squinzi subito dopo essere stato designato presidente. Anche se l'amministratore delegato della casa automobilistica ancora con sede a Torino non ci pensa affatto. «La Confindustria non mi manca. Non sono cambiati né l'atteggiamento né le prospettive. Un nostro rientro sarebbe inspiegabile. Sono contento di come sto adesso», è il telegramma che Marchionne spedisce a Squinzi il 27 settembre 2012.

Le sirene della politica

L'uscita della Fiat, storico azionista di riferimento della Confindustria, ha segnato più di ogni altro fatto, dal punto di vista associativo, la presidenza di Emma Marcegaglia. Quattro anni che hanno messo in chiaro tutte le contraddizioni e le fragilità della classe dirigente «imprenditoriale» *made in Italy*, esposta ai condizionamenti della politica e spesso a disagio nell'affrontare le pressioni esterne. C'è chi ricorda come la presidente eletta nel 2008, anno del ritorno di Berlusconi a Palazzo Chigi, avesse ben tre fronti personali aperti con il governo: una società turistica con Sviluppo Italia, la concessione dell'albergo realizzato con soldi pubblici alla Maddalena per il G8, poi trasferito all'Aquila, e la partecipazione al rilancio dell'Alitalia, arma potentissima brandita dal Cavaliere in campagna elettorale. Di premesse perché diventasse un'anatra zoppa, fanno notare i maligni, non ne mancava, insomma, nemmeno una.

Nonostante tutto, uscita dal palazzone di vetro di viale dell'Astronomia, non ha perso l'autostima. Qualità importante per un imprenditore. Si potrebbe dire essenziale. Anche se la molla capace di spingere un presidente della Confindustria, che per quattro anni ha criticato i politici, ad allearsi proprio con loro è francamente misteriosa.

Capita così che Emma Marcegaglia venga incoronata reginetta dei centristi da Pier Ferdinando Casini in persona alla festa dell'Udc, quel partito che ha governato per anni l'Italia con Berlusconi e la Regione Lazio insieme a Renata Polverini. Il vicegovernatore e assessore all'Urbanistica Luciano Ciocchetti, tanto per gradire, è un uomo di Casini. Per la serie: il nuovo che avanza.

Capita allora che il suo predecessore alla presidenza della Confindustria, Luca di Montezemolo, promotore della Fondazione Italiafutura, embrione di un partito di sfondamento, faccia secca la dottoressa Marcegaglia nel giro di dieci minuti insieme al ministro Corrado Passera, avvistato anch'egli alla convention casiniana. Trattando entrambi come una coppia di tonni intenta a «precipitarsi a ingoiare l'esca di una promessa di candidatura», avendo dimostrato «subalternità alla politica, anche quella indebolita di questo finale di Seconda Repubblica». Un epitaffio liquidato da Casini con un twit: «È la concorrenza, bellezza». Una bella lotta, non c'è che dire. Anche perché a stretto giro di posta Montezemolo fa sapere con un'intervista ad Aldo Cazzullo sul «Corriere» che considera «necessario costruire una grande forza popolare, riformatrice e autenticamente liberale, che nasca dall'incontro tra società civile e politica responsabile e si ponga l'obiettivo di dare consenso elettorale al percorso avviato da Monti». E aggiunge: «Personalmente intendo impegnarmi perché questo progetto abbia successo, senza rivendicare alcun ruolo o leadership». Avevamo capito male o stanno entrambi dalla stessa parte? Non è forse Casini il più grande fan di Monti?

Ma non ci voleva la palla di vetro per capire che sarebbe finita così. Come vedremo più avanti, la politica ha sempre rappresentato una tentazione irresistibile per molti, moltissimi di quanti hanno avuto fra le mani i destini confindustriali. Non è solo una faccenda di assuefazione al potere. È che stare per anni a capo di un'associazione in grado di condizionare le scelte dei governi o anche solo delle amministrazioni locali, può facilmente diventare un comodo trampolino di lancio.

Prendete il caso di Gianni Lettieri. Dal 2004 al 2010 ha fatto il presidente dell'Unione industriali di Napoli. Periodo durante il quale rileva anche l'Atitech, società di manutenzioni pesanti del vecchio gruppo Alitalia con un migliaio di dipendenti. Non da solo, ovviamente, ma insieme alla nuova Alitalia e alla Finmeccanica. E con l'immancabile aiutino pubblico: i capannoni vengono fatti acquistare a Invitalia, che poi li riaffitta al capo degli imprenditori napoletani, con uno stanziamento di 32 milioni di euro infilato nelle pieghe di una legge in corso di approvazione. Lasciato l'incarico all'Unione industriali, Lettieri nel 2011 sfida con le insegne berlusconiane il dipietrista Luigi De Magistris nella corsa al Comune di Napoli, sicuro di farcela. Invece sprofonda: nemmeno la medaglia di salvatore dell'Atitech lo tiene a galla.

Un coacervo di conflitti d'interessi

Marchionne se ne va scrivendo una lettera a Emma Marcegaglia, i cui contenuti si possono anche non condividere, ma che denunciano la fragilità e l'incapacità di tenuta dell'organizzazione. Prima la Confindustria sottoscrive gli accordi e la legge sulla flessibilità del lavoro. Poi comincia una manfrina che sfocia «addirittura», le rinfaccia per iscritto l'amministratore delegato della Fiat, in «dichiarazioni di volontà di evitare l'applicazione degli accordi nella prassi quotidiana». Rendendo di fatto inutile anche le norme sulla flessibilità, introdotte nell'ultima manovra targata Silvio Berlusconi, quella dell'agosto 2011, che la Cgil contesta al punto da promuovere un referendum per cancellarle.

Copione simile a quanto già accaduto un paio d'anni prima, ma in senso contrario, quando la Confindustria firma con Cisl e Uil un accordo separato sul modello contrattuale. Il segretario generale della Cgil, Guglielmo Epifani, ci resta con un palmo di naso. Diceva in privato: «Emma mi ha sempre garantito che non farà mai accordi senza di noi». Invece...

Per il capo della Fiom, Maurizio Landini, l'uscita dalla Confindustria è unicamente il segnale che la Fiat se ne vuole andare dall'Italia. A giudicare da quel che accade non è una tesi folle. Ma la sostanza resta: «Per noi la Confindustria politica ha interesse zero», argomenta Marchionne.

«La Casta tradizionale non è più una Casta, è un Sistema», scrive Alberto Statera sulla «Repubblica» il 12 luglio 2012. «Ma se qualcosa resta che somiglia a un partito, questo è proprio la Confindustria, con le sue correnti, i suoi scontri, le sue cordate d'interessi, che più vari non potrebbero essere. Tra piccoli e grandi, pubblici e privati, impositori e vittime di tariffe, semimonopolisti e monopolisti naturali. Un ben strano partito...»

Non esiste descrizione più fedele. Ecco il motivo per il quale la Confindustria è sempre più debole. A un secolo dalla sua nascita l'organizzazione, fondata nel 1910 dagli industriali privati, è un coacervo di conflitti d'interessi. Ci sono i produttori di elettricità come l'Enel, compagnia ancora controllata dallo Stato, che annovera addirittura il suo amministratore delegato Fulvio Conti fra i vicepresidenti: gomito a gomito con le aziende che si lamentano perché in Italia pagano l'energia più cara d'Europa. Ci sono le grandi municipalizzate monopoliste dei servizi pubblici locali: fianco a fianco con le imprese che ne contestano il ruolo pretendendo la liberalizzazione del mercato. Ci sono le Ferrovie dello Stato, in guerra con la Ntv, compagnia di trasporto privata per l'alta velocità che fa capo all'ex presidente di Confindustria Montezemolo. Ci sono, nell'associazione romana, anche le banche: sedute allo stesso tavolo con chi le accusa di strozzare la ripresa chiudendo i rubinetti del credito...

Tanti costi e tante poltrone

L'organizzazione degli industriali è la risultante di una quantità infinita di repubbliche indipendenti. Ha una struttura elefantiaca, di cui nessuno conosce le dimensioni. Non si sa nemmeno quante persone lavorino per quello che Statera ha definito l'ultimo «partito». Forse quattromila, forse cinquemila. Si parla di costi per mezzo miliardo. Rispetto al 2002, quando la stima era di 400 milioni, il conto è salito del 25 per cento, e lo pagano le imprese con i loro contributi. Contrariamente a quanto si verifica in Germania, dove le spese vengono ripagate prevalentemente dalla vendita di servizi, quella specie di «tesseramento» è la fonte di entrate pressoché esclusiva.

La sola sede centrale, quella di Roma, costa più di 39 milioni. Al confronto del picco storico toccato durante la presidenza di Montezemolo, nel 2007, con 47 milioni, c'è stato un piccolo passo avanti, vero. Così pure in periferia. Qualche accorpamento delle strutture territoriali, che fra provinciali e regionali sono un centinaio. Più o meno quante le associazioni di categoria, che tali restano. Perché tutti i tentativi di incidere più a fondo, tipo l'iniziativa di Montezemolo che mirava a ottenere almeno la fusione degli uffici locali per la fornitura dei servizi, cozzano contro resistenze interne, rendite di posizione, burocrazia. Tutta sabbia negli ingranaggi. Perché negli anni, intorno alla Confindustria, è andato crescendo un ceto parassitario: nel vero senso professionale del termine. E cambiare le cose, esattamente come avviene nello Stato che gli imprenditori tanto criticano, è molto complicato.

Non succede soltanto alla Confindustria, sia chiaro. In Italia le organizzazioni «datoriali» sono una marea. Tante che risulta difficile perfino contarle, e hanno tutte più o meno gli stessi difetti. Tante che quando ci sono le trattative con il governo, nella famosa Sala Verde della presidenza del Consiglio si devono predisporre quattro file di sedie. Il sistema delle rappresentanze si è modellato sullo schema dei rapporti politici. Le cooperative rosse, quelle bianche e quelle verdi. Gli artigiani rossi e gli artigiani di altri colori. I commercianti bianchi e i commercianti rossastri. Agricoltori bianchissimi, bianchi, rosé e rossi. Gli industriali piccoli, simpatizzanti per la sinistra. E quelli grandi, per definizione mai troppo lontani dal governo. Le sigle sono 36. Senza che mai si sia riusciti a mettere un vero ordine in questa follia. La ragione è sempre la stessa: la difficoltà di smantellare apparati che non hanno niente da invidiare a certi grumi di burocrazia pubblica. Dove la difesa sindacale degli interessi aziendali privati si intreccia inevitabilmente con la politica. Anche per le storie personali.

In seguito allo scandalo che ha travolto nel 2006 i vertici della Confcommercio, è stato nominato presidente della più grande associazione imprenditoriale per numero di iscritti Carlo Sangalli, per ventisei anni parlamentare democristiano, fedele di Silvio Berlusconi al punto da essere nominato consigliere di amministrazione della Mondadori. Governa un gruppo di vertice con 9 vicepresidenti, fra i quali Paolo Uggè, uno che dal 1980 è sul ponte di comando degli autotrasportatori, sottosegretario in due governi guidati dal Cavaliere e per un paio d'anni parlamentare di Forza Italia. Poi c'è una giunta, con altri 6 componenti nominati dall'assemblea, 13 commissioni con altrettanti presidenti, un consiglio di 61 membri, 5 sindaci revisori e 6 probiviri, per un totale di 101 posti a sedere. Alcuni occupati dalle stesse persone, va detto. Il numero resta comunque ragguardevole.

La Confesercenti di Marco Venturi, organizzazione concorrente rispetto a quella di Sangalli e al tempo stesso parte della stessa superholding di associazioni «datoriali» chiamata Rete imprese Italia (una superholding!), ha invece una giunta di 9 persone. Ma affiancata da una «presidenza nazionale» con 137 poltrone.

Squinzi come Obama

Quando nel suo primo discorso da presidente Squinzi dice che «le imprese non capiscono perché lo Stato non possa risparmiare come fanno loro», la platea s'infiamma. «Il punto centrale del mio programma è questo: Confindustria lotterà fino in fondo per battere la burocrazia», rincara la dose.

Poi però nomina 11 vicepresidenti. C'erano anche nelle precedenti gestioni, lo sappiamo. «Qualche volenteroso», ha chiosato sull'«Espresso» Stefano Livadiotti, «ha cercato di spiegare le scelte del nuovo presidente con il dettato statutario di viale dell'Astronomia. Pinocchio: il secondo comma dell'articolo 31 dice che si può arrivare fino a un massimo di 11 vicepresidenti. Non che si deve. Il che, evidentemente, è un po' diverso.»

Lo statuto, comunque, non parla di 5 comitati tecnici con altrettanti presidenti. Né dell'obbligo di nominare 2 delegati «per gli investitori esteri» e «per la legalità». Se ci aggiungiamo il presidente della Commissione per la riforma dell'organizzazione,

Carlo Pesenti, il direttore generale Marcella Panucci e il suo vice Daniel Kraus, arriviamo a 21. Lo stesso numero di stretti collaboratori del presidente degli Stati Uniti Barack Obama.

Poi ci sono il direttivo, di 74 persone, la giunta, con 187 poltrone, e l'assemblea: 1491 rappresentanti. Troppo, per una organizzazione con 150.000 imprese aderenti che occupano 5 milioni e mezzo di dipendenti?

La Bundesverband der deutschen industrie, la Confindustria tedesca, ne riunisce invece circa 100.000, che occupano 8 milioni di lavoratori. E la guida un comitato esecutivo di 5 persone: oltre al presidente Hans-Peter Keitel, 3 componenti e il direttore generale. La struttura della Bdi è molto più semplice rispetto a quella della Confindustria italiana: invece di 265 associazioni federate ne ha soltanto 38. Ma i problemi da affrontare e risolvere non sono radicalmente diversi.

La verità è che ogni nuovo presidente arriva con propositi bellicosi, poi però si deve arrendere all'evidenza dei fatti. Fare la rivoluzione è impossibile. Perché per prima cosa bisognerebbe avere un quadro esatto della situazione, che nessuno però ha. La Confindustria è un sindacato di secondo livello, ovvero una federazione di sindacati periferici. Ognuno dei quali riscuote contributi e ne gira una fettina al centro. Ma sono tutti completamente autonomi. Le unioni industriali locali posseggono centinaia di imprese, che a Roma conoscono per sentito dire: società di servizi, agenzie per l'impiego, immobiliari. Perfino giornali. L'Unione degli industriali di Vicenza controlla il 15 per cento del quotidiano «L'Arena» di Verona. La «Gazzetta di Parma», l'organo d'informazione più antico d'Italia (il primo numero è del 19 aprile 1735), è posseduta all'80 per cento dall'Unione degli industriali di Parma. Il giornale online «Bergamonews» è invece per il 25 per cento della Confindustria bergamasca.

Una galassia dalle dimensioni ignote

Non esistendo un quadro d'insieme, non può esistere nemmeno una qualche parvenza di conto consolidato. Che comunque non sarebbe pubblico. L'organizzazione di Squinzi è un'associazione privata: sulla carta non ha dunque il dovere di rendere noto alcunché. Tanto è vero che, per avere il bilancio della Confindustria centrale, bisogna chiederlo. Ma è quantomeno curioso, per un'istituzione dotata di una simile influenza sociale e politica, che a ogni piè sospinto pretende trasparenza: dalle banche, dai politici, dallo Stato. Soprattutto considerando che un sindacato come la Cisl pubblica il proprio bilancio su internet dal lontano 2002, quando a viale dell'Astronomia c'era ancora Antonio D'Amato.

Non che ci sia qualcosa da nascondere. Nel documento contabile di 75 pagine è possibile leggere anche la relazione del collegio sindacale e la certificazione della Kpmg. Il bilancio spiega che la Confindustria controlla, direttamente o indirettamente, 16 società. Dieci fanno parte del gruppo «Il Sole 24 Ore», che in tre anni, dal 2009 al 2011, ha perso più di 100 milioni. Colpa della crisi, ma anche di alcune scelte che non hanno pagato, come l'acquisizione di una serie di testate specialistiche. Fatto sta che il titolo valeva in Borsa alla fine di settembre 2012 poco più di 60 centesimi, contro un valore di carico in bilancio pari a un euro e 47 centesimi. Le perdite del «Sole» hanno inaridito anche una ricca fonte di dividendi, il che ha avuto ovvie ripercussioni sulle risorse a disposizione dell'organizzazione che nel 2010 e nel 2011 ha dovuto fare i conti anche con una morosità crescente.

Ma è dando uno sguardo proprio al «Sole 24 Ore», considerato sempre una macchina da soldi, che si capiscono tante cose dei meccanismi della Confindustria. L'editrice presieduta da Giancarlo Cerutti ha un consiglio di amministrazione composto da 15 persone. Dettaglio che non può non far pensare. Serve così tanta gente per gestire una società con un unico azionista che ne controlla il 67,5 per cento? Quindici sono due in più dei consiglieri di amministrazione di Espresso-Repubblica, altro grande gruppo editoriale quotato in Borsa che ha però un azionariato di blocco più complesso, con almeno cinque soci di minoranza che affiancano il 53 per cento in mano a Carlo De Benedetti. Mentre Rcs Mediagroup che controlla anche la Rizzoli libri, editrice di questo volume, e ha un capitale assai più frazionato, ne ha 11 più un presidente onorario (Cesare Romiti). Sei consiglieri ha invece l'immobiliare Aedificatio, che ha la proprietà della sede dell'Eur e della foresteria di via Veneto, a Roma, per cui la Confindustria paga 700.000 euro di Imu. Sette la Sipi, società di convegnistica. Dieci Unimpiego, una specie di agenzia di collocamento su larga scala. Undici la società Sfc, Sistemi formativi Confindustria. Altri pezzi del «carrozzone»?

La svolta di Lo Bello

«Senza il doping non si vince il Tour de France né il Giro d'Italia», ammoniva Squinzi nel 2000. Il «pirata» Marco Pantani, fuoriclasse della Mercatone Uno, squadra rivale della sua Mapei, era sotto processo per frode sportiva. Due anni prima aveva vinto le due corse a tappe più importanti del ciclismo mondiale. Poi, mentre si apprestava a fare per la seconda volta bottino pieno, l'avevano fermato. Fine della carriera.

Il fatto è che anche la Confindustria, negli anni, ha fatto una bella cura di anabolizzanti. Così da ritrovarsi obesa e impacciata. Questo l'imprenditore Squinzi non può ignorarlo, visto tutto il tempo da lui trascorso alla guida di una delle associazioni più potenti, la Federchimica. E circondarsi di una squadra numerosa come quella del presidente degli Stati Uniti non è stato il miglior debutto possibile. Peggio anche di quella infelice battuta che gli è scappata sulla riforma del lavoro targata Elsa Fornero: «È una boiata».

Non fraintendiamo: la qualità dei prescelti non è in discussione. Fra di loro ci sono persone di assoluto valore. È sufficiente citare Ivan Lo Bello, al quale è stato assegnato l'incarico di «vicepresidente per l'Education» (in inglese, perché?). L'uomo che ha avuto il merito straordinario di aprire anche un fronte interno contro la mafia, ottenendo un clamoroso risultato: l'introduzione di una regola per cui le imprese che non denunciano ricatti ed estorsioni da parte della criminalità non possono fare parte della Confindustria. Regola prima applicata in Sicilia, quando Lo Bello era presidente della locale unione degli imprenditori, e poi estesa a tutta Italia.

Di gran lunga la cosa più importante che abbia deciso la Confindustria nella sua storia centenaria. Un contributo fondamentale offerto a chi vuole un fossato invalicabile fra imprenditoria sana e attività illecite, sradicando connivenze e complicità che in certe regioni italiane hanno prosperato talvolta anche al riparo delle altisonanti sigle di organizzazioni confindustriali. Come ha rivelato nell'ottobre del 2010, in un intervento a porte chiuse durante una convention di Infocamere, la società di informatica delle Camere di commercio italiane, il procuratore generale di Caltanissetta Roberto Scarpinato, uno dei magistrati più esposti nella lotta alla mafia. Riconoscendo che «l'esperimento siciliano sarebbe abortito in breve tempo se non avesse avuto il deciso sostegno di Luca Cordero di Montezemolo ed Emma Marcegaglia».

Il documento fa accapponare la pelle fin dalle prime righe.

«Appena due mesi orsono», racconta Scarpinato, «ho concluso una mega indagine nel corso della quale abbiamo accertato che il Gotha della mafia palermitana si era aggiudicato alcuni dei più importanti appalti pubblici a Palermo, partecipando alle gare tramite imprese che avevano superato brillantemente tutti i controlli, perché gli amministratori ed i soci di quelle imprese apparivano immacolati. Nella stessa inchiesta abbiamo accertato che anche l'edilizia privata e persino lucrosi appalti privati gestiti da alcuni esponenti di vertice di Confindustria di Palermo erano accaparrati da una impresa appartenente a mafiosi, il cui titolare ufficiale si era iscritto ad Addio Pizzo e si vantava di denunciare alle Forze di Polizia la manovalanza mafiosa che richiedeva il pizzo.

«Quel che è grave è che tutti a Palermo all'interno del mondo imprenditoriale sapevano che quella impresa era in realtà gestita da imprenditori mafiosi già condannati per fatti gravi, ma tutti tacevano ed in tanti facevano affari con quella impresa. Tra quelli che facevano affari con l'impresa in parola, vi erano anche taluni che poi nei convegni chiedevano la testa dei piccoli commercianti che non avevano il coraggio di denunciare l'estorsore di quartiere che chiedeva qualche centinaio di euro.»

Un affare di famiglia

La responsabilità, sostiene Scarpinato, non può essere attribuita ad altri se non alla «classe dirigente» del Paese. «Abbiamo Parlamenti e governi che si dichiarano sempre fermamente intenzionati a debellare la criminalità mafiosa e l'economia criminale, e di giorno tessono la tela di una normativa antimafia che si concretizza nella produzione legislativa di regole e norme talora molto rigorose e sulla carta efficaci. Poi incassato il ritorno di immagine e spenti i riflettori dei media, operano in modo tale da disfare la tela che avevano intessuto, vanificando in vari modi l'efficacia di quelle norme.»

Per non parlare della «mistificazione culturale secondo cui la mafia sarebbe solo una vicenda criminale intessuta di omicidi truculenti, di estorsioni, di traffico di stupefacenti, di cui sarebbero esclusivi protagonisti personaggi come Totò Riina, Bernardo Provenzano, i Casalesi, esponenti delle classi popolari, individui rozzi che si esprimono in un italiano approssimativo, assetati di denaro».

Ma se la mafia, si domanda Scarpinato, «è costituita solo da una esigua minoranza di criminali ignoranti, come è possibile che lo Stato italiano dall'Unità d'Italia ad oggi non riesce a debellarla e che nell'Italia del 2010 vaste zone del Paese restano assoggettate alla signoria mafiosa? Come mai il Parlamento, i Consigli regionali, le amministrazioni comunali continuano ad essere affollati da personaggi che, nonostante siano stati condannati per mafia e nonostante sia stata richiesta la loro cattura con ordinanze confermate dalla Cassazione, restano degli intoccabili e vengono mantenuti ai vertici delle istituzioni e della piramide politica?».

Il fatto è «che la mafia non è solo una vicenda criminale che riguarda le fasce popolari, ma è anche uno spinoso affare di famiglia interno alla classe dirigente nazionale», spiega il procuratore di Caltanissetta. Tracciando un quadro allucinante: «Sono centinaia i capi organici della mafia appartenenti al mondo delle professioni, dell'imprenditoria, dei colletti bianchi. Ed è sterminato il numero di imprenditori, imprenditori di peso, che sono capi organici della mafia. Imprenditori che non praticano l'estorsione, che non richiedono il pizzo, ma utilizzano il metodo mafioso per conquistare posizioni di dominio nel mercato imponendo la loro legge, i loro prezzi, le loro condizioni. Sono i signori del mercato. Questa imprenditoria mafiosa ha occupato nel recente passato posti di vertice all'interno di Confindustria nell'intera Sicilia o ha esercitato un pesante condizionamento all'interno di Confindustria. L'ex presidente di Confindustria di Caltanissetta e presidente regionale dell'Ance [Pietro Di Vincenzo, NdA] è stato sottoposto a misura di prevenzione antimafia ed il suo impero economico, stimato in 270 milioni di euro, è stato confiscato. Il presidente di Confindustria regionale siciliana ed il presidente di Confindustria di Palermo in carica sino a pochi anni orsono, erano soci di soggetti appartenenti ad alcune delle più importanti famiglie mafiose palermitane. L'impresa è stata confiscata. Nel 1991 il presidente provinciale di Confindustria di Palermo si schierò pubblicamente contro Libero Grassi, poi assassinato dalla mafia, accusandolo di volersi fare solo pubblicità dichiarando alla stampa che si rifiutava di pagare il pizzo. Il presidente di Confindustria di Enna nel 2009 è stato rinviato a giudizio per concorso esterno in associazione mafiosa. Questo popolo di imprenditori mafiosi e di soggetti che non disdegnano di fare affari con i mafiosi, attraverso un vasto reticolo di relazioni personali è collegato con un ceto politico che in sue larghe componenti è ancora portatore di una cultura della intermediazione parassitaria, nonché ad una borghesia professionale affaristica e priva di scrupoli.

«La lotta alla componente militare della mafia

può essere condotta solo sul piano della risposta giudiziaria e repressiva, ma il contrasto alla borghesia mafiosa non può essere vinto se prima non si crea una linea di frattura politica e sociale interna alla classe dirigente e in particolare alla classe imprenditoriale».

3

Il richiamo del Palazzo

La corsa forsennata degli imprenditori in politica (con flop)

Siccome in Italia la scorta non si nega a nessuno, un bel giorno l'hanno data anche a Massimo Calearo Ciman. All'apice della sua carriera politica nel 2011: consigliere personale per l'export del premier Silvio Berlusconi. Lui, che era stato capolista del Partito democratico in Veneto e che con il Cavaliere, in quella campagna elettorale del 2008, se n'era dette di tutti i colori. Il Cavaliere a Calearo: «Sei solo cipria». Calearo al Cavaliere: «Non fai onore agli imprenditori». E via di questo passo. Se sia stato Calearo il più grande errore di Walter Veltroni, o viceversa se sia stato Veltroni il più grande errore di Calearo, poco importa. L'errore rimane. Anzi, la cantonata: colossale.

Tutto comincia quando il segretario del Partito democratico presenta il presidente della Federmeccanica, importante spezzone della Confindustria, come il candidato di punta nel Veneto, dove i sondaggi dicono che la Lega Nord farà bottino pieno. Questo il suo biglietto da visita che Veltroni presenta agli elettori del centrosinistra: «Un grande industriale veneto». Capace di incarnare il «patto fra produttori e lavoratori» che rappresenta il progetto del Pd per la crescita. Quelli della sinistra radicale sono scandalizzati: «È un falco». E perfino

Berlusconi, che risponde alla mossa offrendo un seggio all'ex presidente della Confindustria Antonio D'Amato, senza però riuscire a convincerlo, sfotte: «Adesso candidano i padroni...».

Ma Calearo non si scompone: «Sono un uomo del fare. Veltroni è un innovatore, e il Partito democratico oggi è il luogo politico dell'innovazione».

Parole. I fatti prendono una piega assai diversa. Un anno e mezzo dopo le elezioni, Calearo lascia il Partito democratico per passare all'Alleanza per l'Italia di Francesco Rutelli. Poco più di otto mesi, e prepara un altro trasloco. Questa volta più decisamente verso il centrodestra. Il 14 dicembre del 2010 vota insieme ai cosiddetti «Responsabili» di Scilipoti la fiducia, salvando il governo di Berlusconi. Il quale prontamente lo ricambia con la medaglietta di suo consulente per il commercio estero: chi meglio di uno come Calearo, che esporta quasi il 90 per cento della sua produzione di componenti per autovetture? Lui è in un brodo di giuggiole. «Io e il Cavaliere siamo uguali. In Parlamento dovrebbero esserci solo persone come noi», arriverà ad affermare.

Una metamorfosi kafkiana. Alla quale, fino all'ultimo, Veltroni sembra non voler credere. Quando Calearo abbandona l'Api, gli ricorda che ha «un impegno con gli elettori del centrosinistra». La risposta lo conforta: «Mi ha confermato che lo rispetterà», dice sollevato l'ex segretario del Pd. La scena si ripete identica poche ore prima del voto decisivo che salva il Cavaliere. «L'ho scongiurato di non fare scherzi. E lui: "Stai tranquillo, Walter"», ricorda Veltroni. Ma i giochi sono già fatti, e si capisce da una dichiarazione che Calearo rilascia prima di entrare in aula: «Se ci fosse il voto segreto Berlusconi prenderebbe trenta voti in più. Nel Partito democratico mi dicono di votargli la fiducia».

L'epilogo di una storia che non sarebbe mai dovuta iniziare è tutta nelle poche righe al vetriolo con cui Veltroni, il 30 marzo del 2012, replica su Twitter a chi pretende da lui un pubblico pentimento per aver portato l'ex presidente di Federmeccanica alla Camera: «Mi si chiede di scusarmi per aver proposto la sua candidatura. Ebbene, Calearo ha dimostrato di essere una persona orrenda. Quando il Partito democratico, all'unanimità, lo candidò, sembrava diverso. La politica fa perdere la testa a molta gente».

In effetti l'incidente di cui Calearo è protagonista lascia esterrefatti. Intervistato da Radio 24, confessa che dall'inizio dell'anno ha varcato la soglia della Camera dei deputati tre volte soltanto. E poi: «Rimango a casa a fare l'imprenditore, anziché andare a premere un pulsante. Non serve a niente. Anzi, credo che da questo momento fino alla fine della legislatura non ci andrò più». Il pestifero conduttore della *Zanzara*, Giuseppe Cruciani, continua a stuzzicarlo e lui è un fiume in piena. Dice che non ha alcuna intenzione di dimettersi, per non lasciare il posto a un «filocastrista». Rivela che lo stipendio della Camera gli serve per pagare il mutuo della casa, 12.000 euro al mese. E ammette candidamente che la sua Porsche ha la targa della Slovacchia, Paese dove il gruppo Calearo possiede uno stabilimento, «perché lì si possono scaricare tutte le spese per la vettura», mentre in Italia non è consentito.

Quando su di lui si abbatte il ciclone, precisa che le sue assenze erano dovute alla grave malattia della moglie: «È morta il 19 marzo. Nel frattempo ho ripreso a lavorare nella mia azienda. Quando sono tornato in aula sono stato male, ho provato un grandissimo disagio e ho cominciato a schifare una classe politica che è sempre la stessa». Sul mutuo, spiega di averlo acceso con la banca che ha lo sportello a Montecitorio: «Certo, dopo aver consultato diversi istituti, mi sono accorto che il tasso migliore era quello della Camera. È assolutamente molto basso, probabilmente è un privilegio. "Magari potessimo averlo in azienda", ha detto il mio direttore finanziario».

E questa volta annuncia dimissioni irrevocabili. Poi però cambia idea, e al «Giornale di Vicenza» racconta che il presidente del gruppo parlamentare di Popolo e territorio al quale ora aderisce, Silvano Moffa, gli ha pregato di non farlo: «Ero convintissimo di dimettermi, poi tanti amici mi hanno detto che non avrei dovuto. In Parlamento ci sono i condannati, non è giusto che mi dimetta io che non ho fatto niente di male».

L'allergia al pulsante tuttavia non gli passa. Da gennaio a luglio 2012 lo schiaccia 98 volte, contro le 1084 che avrebbe dovuto. Per un tasso di assenza del 91 per cento, decisamente più elevato rispetto a quello (un misero 3 per cento) del mutuo superconveniente che gli spetta come deputato. Uno status forse del tutto inutile, a giudicare dalle sue esternazioni. Ma evidentemente non disgustoso come la classe politica che lui dice di schifare, almeno se il 26 aprile 2012 il presidente del gruppo Calearo firma così il bilancio della sua azienda: «On. Dott. Massimo Calearo Ciman».

Quando erano fedeli al Regime

Già, onorevole. Come brilla quel prefisso, «On.», piazzato davanti alla sfilza, talvolta chilometrica, di altri titoli. L'attrazione reciproca fra imprenditori e politica è sempre stata fatale. Non soltanto in Italia, certo. Ma qui ha assunto dimensioni storicamente patologiche, anche perché non è mai stata eretta una barriera contro il conflitto d'interessi e non è mai esistita, a differenza per esempio degli Stati Uniti, una regola che imponga agli onorevoli di dedicarsi esclusivamente all'incarico parlamentare per la durata del mandato.

All'epoca del primo Parlamento italiano, racconta nei *Moribondi del palazzo di Carignano* uno che c'era, il giornalista Ferdinando Petruccelli della Gattina, c'erano «otto commercianti e industriali». Un numero destinato però a crescere rapidamente.

E nemmeno durante il fascismo, quando il Parlamento aveva una funzione inesistente, gli imprenditori hanno resistito al richiamo del Palazzo. L'elenco dei 44 industriali che nel Ventennio si sono fregiati del titolo di «senatore», categoria superata all'epoca per numero soltanto da quelle dei 125 militari di carriera e dei 61 avvocati, è impressionante. Giovanni Agnelli, fondatore della Fiat. Giorgio Enrico Falck, capostipite della omonima dinastia siderurgica. Leopoldo Parodi Delfino, fondatore, insieme a Giovanni Bombrini, dell'industria chimica e militare Bpd. Rinaldo Piaggio, pioniere dell'industria aeronautica che nel dopoguerra partorirà la Vespa. Nicola Romeo, padre dell'Alfa Romeo. Senatore Borletti, il cui nome è legato fra l'altro a Snia Viscosa e alla Rinascente, gli ex magazzini Bocconi di Milano ribattezzati così da Gabriele D'Annunzio dopo l'incendio che li distrusse, e che fu angelo custode e grande finanziatore di Arnoldo Mondadori. Mario Crespi, imprenditore tessile con i fratelli Aldo e Vittorio, proprietario di aziende elettriche nonché editore del «Corriere della Sera». Teresio Borsalino, primogenito di Giuseppe Borsalino, quello dei cappelli. Luigi Burgo, industriale della carta. Antonio Pesenti, uno dei sei fratelli che diedero vita all'Italcementi, padre di Carlo Pesenti, l'uomo che fece decollare il gruppo familiare, e nonno di Giampiero.

E la Confindustria? Almeno tredici dei ventinove presidenti che si sono alternati alla guida dell'organizzazione degli industriali italiani dal 1910 hanno avuto a che fare direttamente con la politica attiva. Quasi tutti durante il periodo fascista. Il livornese Giuseppe Mazzini occupò un seggio alla Camera per la bellezza di diciott'anni, dal 1921 al 1939. Giovanni Balella, che lo precedette, ebbe un ruolo politico suo malgrado. Era direttore generale quando, il 30 aprile 1943, prese il posto del presidente Giuseppe Volpi di Misurata. Di conseguenza, quel maledetto successivo 25 luglio si ritrovò nel Gran consiglio del fascismo che defenestrò Benito Mussolini. E votò anche lui l'ordine del giorno Grandi. Scampò alla fucilazione perché nel frattempo era, appunto, fuggito. In Svizzera.

Volpi di Misurata, al contrario, era fascistissimo.

Proprietario della Società adriatica di elettricità, per tre anni governò la Tripolitania con pugno di ferro. Ricompensato con il titolo di conte, venne poi nominato da Mussolini ministro delle Finanze.

Fascista come Alberto Pirelli, figlio di quel Giovanni Battista Pirelli, fondatore del grande gruppo industriale, nominato senatore da Vittorio Emanuele III nel 1909 e che era già stato presidente di Confindustria qualche anno prima del suo erede. In un saggio del 2010 lo storico Nicola Tranfaglia descrive le iniziali titubanze di Alberto Pirelli, come il rifiuto opposto nel 1923 a Mussolini che gli offriva il ministero dell'Economia. Titubanze ben presto superate con l'iscrizione al partito fascista. E definitivamente archiviate negli anni successivi, quando i rapporti con il regime si fecero sempre più intensi. Tranfaglia ricorda le forniture di maschere antigas all'esercito italiano impegnato ad attaccare gli etiopi con i gas letali, mentre il figlio di Giovanni Battista si professava contrario all'uso delle armi chimiche. Rammenta pure i finanziamenti a Mussolini: un milione di lire nel 1936, cifra rapportabile al milione di euro di oggi. Ma anche l'ingresso come membro di diritto nel Gran consiglio del fascismo, la prestigiosa onorificenza di ministro di Stato concessa ad Alberto Pirelli nel 1938, anno delle leggi razziali. Nonché la poco edificante joint venture con un'impresa della Germania nazista. Ma anche all'epoca gli affari erano sempre affari.

Il suo predecessore Antonio Stefano Benni, socio di Ercole Marelli, era diventato deputato nel 1921. È suo il record assoluto di longevità come capo degli industriali: undici anni, oltre metà del Ventennio. Raimondo Targetti, che si trovava alla guida della Confindustria mentre le squadracce di Mussolini marciavano su Roma, ebbe nel 1934 un posto in Senato. Dove il suo predecessore Ettore Conti di Verampio, proprietario di un'azienda elettrica e messo dal regime fascista a gestire l'Agip, occupava un seggio già da ben quindici anni. In Senato c'era anche Giovanni Silvestri, che ha legato il proprio nome alla Officine Meccaniche, la mitica OM che fabbricava camion. E a Palazzo Madama era passato pure Dante Ferraris, una meteora al timone confindustriale in un 1919 scosso dalle lotte operaie, giusto prima di un altro senatore che abbiamo già citato: Giovanni Battista Pirelli.

A differenza di loro, il secondo presidente della storia della Confindustria, l'imprenditore conciario Ferdinando Bocca, primo italiano a ricoprire quella carica (il suo predecessore Luigi Bonnefon era nato in Francia), non riuscì mai a entrare in Parlamento. Ci provò ben tre volte, senza fortuna. Dopo aver preso nel 1927 la tessera del partito fascista si dovette accontentare di fare il podestà a Rivalta Torinese.

Effetto Berlusconi

Certo non per loro scelta, invece, Gianni Agnelli e Sergio Pininfarina indossarono i panni dei politici, sia pure *sui generis*. Vennero nominati senatori a vita rispettivamente dai presidenti della Repubblica Francesco Cossiga e Carlo Azeglio Ciampi. Agnelli, anzi, negli anni Settanta aveva già rifiutato la candidatura che gli era stata offerta dal leader del Partito repubblicano, Ugo La Malfa. Né l'uno, né l'altro accettarono tuttavia di rinunciare alle loro prerogative. Come il voto del senatore a vita Agnelli fu tra quelli determinanti per far ottenere la fiducia al primo governo di Silvio Berlusconi a Palazzo Madama, dove il centrodestra rischiava la bocciatura, così anche Pininfarina diede un contributo fondamentale alla nascita del secondo governo di Romano Prodi. Deludendo subito dopo la boccheggiante maggioranza unionista quando si astenne insieme a Giulio Andreotti. Conseguenza, a causa dei regolamenti della Camera alta, la sconfitta del centrosinistra su una banale mozione di politica estera e le conseguenti dimissioni del Professore: le prime del suo breve secondo premierato, archiviato nel 2008.

Per Guido Carli, che alla guida della Confindustria aveva preso il posto di Agnelli, non fu al contrario un caso: venne candidato dalla Democrazia cristiana nel 1983 e rimase in Parlamento nove lunghi anni. Tre, gli ultimi, da ministro del Tesoro nel settimo governo di Giulio Andreotti. E mentre esplodeva Tangentopoli sarebbe pure tornato in Senato, se non gli avessero dato la fregatura. Per una semplice dimenticanza, sembra. Chi aveva fatto le liste se l'era scordato. Quando se ne accorsero, gli rifilarono uno dei collegi che erano rimasti senza nome. Collegio perdente, ovvio.

Carli usciva e Luciano Benetton entrava. Eletto con i repubblicani, fu deputato nella legislatura più breve della storia, quella del 1992, durante la quale il Parlamento venne letteralmente falcidiato dalle inchieste sulla corruzione. La sua fugace apparizione sulla scena politica terminò nel 1994, e non ne volle più sapere.

Lasciò anche Francesco Merloni, che nella terribile stagione di Mani pulite era stato ministro dei Lavori pubblici con Giuliano Amato e Ciampi. Ma fu soltanto una pausa: il fratello dell'ex presidente della Confindustria Vittorio Merloni, re degli elettrodomestici, sarebbe tornato nel 1996 con l'Ulivo di Prodi. Era sbarcato in Parlamento nel 1972, con la Democrazia cristiana. Lo stesso partito che fece eleggere quattro anni più tardi Umberto Agnelli. Il quale, al pari di Luciano Benetton, avrebbe resistito soltanto una breve legislatura. Scappò a gambe levate nel 1979. Altri tempi.

In Senato, allora, c'erano 62 avvocati (la categoria tradizionalmente più numerosa) e 8 imprenditori. Trent'anni più tardi, in occasione delle elezioni politiche del 2008, il rapporto risultava invece di 46 a 39. Nel 2006, con il centrosinistra, i senatori sedicenti imprenditori erano 37. Nel 2001, con il centrodestra, 31. Nel 1996, con il centrosinistra, 21. Due anni prima, l'impennata: coincidente con la vittoriosa discesa in campo del padrone della Fininvest Berlusconi. Le statistiche del Senato registrarono nel 1994 la bellezza di 33 «imprenditori», più del doppio di quanti ce ne fossero nell'ultima legislatura della Prima Repubblica, quella iniziata nel 1987. Allora erano in 15. Fra di loro anche una new entry di Palazzo Madama che avrebbe condizionato la politica italiana nel successivo quarto di secolo. Il suo nome, Umberto Bossi. Il quale, alla domanda «che mestiere fa?», rivoltagli dagli uffici, aveva risposto: «L'imprenditore». Questo, almeno, risulta dai documenti del Senato che riportano le note caratteristiche fornite dagli stessi parlamentari. Traslocando in seguito a Montecitorio, avrebbe corretto: «Tecnico elettronico applicato alla medicina». Cala, Trinchetto... Ma fin da allora doveva essere un pallino di famiglia. Perché quando molti anni dopo un giornalista ha chiesto al consigliere regionale Renzo Bossi, alias «Trota», che nel 1987 ancora non era stato concepito, «se non fossi stato il figlio di Bossi e avessi dovuto lavorare, che lavoro avresti fatto?», lui non ci ha pensato su nemmeno un secondo. «Magari l'imprenditore», ha risposto.

L'esplosione della moda dei politici «imprenditori» è certamente l'effetto dell'irruzione sulla scena politica di Berlusconi, il più ricco imprenditore italiano. Che peraltro non ha mai nascosto di voler cambiare radicalmente le regole del gioco. Il partito-azienda, l'idea di un Parlamento somigliante a una società per azioni, la figura del premier come amministratore delegato del Paese. Quante volte il Cavaliere ha detto: «Puntiamo al 51 per cento»? E quante volte si è lamentato del fatto che non avendo la maggioranza assoluta i suoi stessi alleati gli erano d'intralcio nelle decisioni? «Se avessi il 51 per cento il dialogo lo farei con me stesso e con i miei, e sarebbe più facile», sbottò alla fine del 2004 contro chi nel centrodestra si opponeva al taglio delle tasse.

Ogni moda, però, si porta dietro anche delle pessime imitazioni con marchi taroccati. E viene in mente che nel mondo della politica quella parola, «imprenditore», ha ormai perduto in molti casi il proprio significato originale. Questo dialogo surreale fra due personaggi del film di Nanni Moretti, *Ecce bombo*, rende benissimo l'idea.

Michele: Senti che lavoro, me n'ero dimenticato, che lavoro fai?
Cristina: Be', mi interesso di molte cose: cinema, teatro, fotografia, musica, leggo...
Michele: E concretamente?
Cristina: Non so cosa vuoi dire.
Michele: Come non sai, cioè che lavoro fai?
Cristina: Nulla di preciso.
Michele: ... Come campi?
Cristina: Mah... te l'ho detto: giro, vedo gente, mi muovo, conosco, faccio delle cose...

Cadere sempre in piedi

I parlamentari «imprenditori» sono diventati così un'alluvione. Con le elezioni del 2008 ne sono arrivati 116, fra Camera e Senato. Quaranta in più rispetto a due anni prima, quando il loro numero si fermò a 76.

Scorrerne l'elenco è una lettura molto istruttiva. Alla Camera c'è una «imprenditrice» siracusana: Stefania Prestigiacomo, ex ministro dell'Ambiente. La sua famiglia possiede un gruppo industriale con rilevanti interessi nel polo petrolchimico siciliano di Priolo Gargallo. La circostanza, nota da sempre, non ha tuttavia impedito il 5 maggio del 2011 alla parlamentare radicale Elisabetta Zamparutti di evocare lo spettro di un clamoroso conflitto fra le attività imprenditoriali familiari e il ruolo istituzionale del ministro competente proprio in quel campo. «La società Coemi, attiva nel settore degli impianti elettrici e amministrata dalla sorella del ministro Maria Prestigiacomo, ha come cliente la Électricité de France impegnata a costruire un polo fotovoltaico di 13,5 megawatt a Priolo Gargallo, nella Sicilia orientale», ha denunciato in una «interpellanza urgente». Aggiungendo il particolare che la stessa Coemi «appartiene alla holding Fincoe di cui Stefania Prestigiacomo aveva il 21,5 per cento fino al novembre 2009, quando l'ha donato alla madre Sebastiana Lombardo».

Resta il dubbio: a che cosa si riferisce la qualifica di «imprenditore»? Alle attività industriali della famiglia o a quelle decisamente più modeste di una società di servizi che Stefania Prestigiacomo controllava insieme alla sorella, messa in liquidazione alla fine del 2009 per «impossibilità della stessa di conseguire l'oggetto sociale e nell'essere oramai, da tempo, gravata da costi sempre più onerosi, dovuti alla carenza di lavoro e alla difficoltà oggettiva di reperire risorse disponibili all'attività aziendale»? Ah, la crisi, signora mia...

«Imprenditore» è anche l'ex ministro finiano Andrea Ronchi, già socio di un bar nel centro di Roma insieme a quel Ferruccio Ferranti poi sistemato ai vertici di varie imprese statali. Amministratore delegato di Sviluppo Italia, per esempio, e poi del Poligrafico dello Stato nell'ultima lottizzazione finiana.

«Imprenditore» come Aldo Brancher, titolare di una società di consulenza aziendale e azionista di una ditta di autotrasporti, ministro per diciotto giorni. «Sussidiarietà e federalismo», ministero inventato per fargli utilizzare lo scudo della legge sul legittimo impedimento, mettendolo così al riparo del processo sulla scalata all'Antonveneta nel quale era imputato. Operazione non riuscita anche per una dura presa di posizione del presidente della Repubblica Giorgio Napolitano. Il teatrino è semplicemente imbarazzante. Appena nominato, Brancher si appella al legittimo impedimento. Motivazione: è impegnato nell'organizzazione del nuovo ministero. Immediata nota del Quirinale: il ministero è senza portafoglio, non c'è niente da organizzare. Allora ecco un'altra motivazione: il ministro è impegnato non nell'organizzazione del ministero, ma nel delicato compito di portare avanti le riforme istituzionali. Dimenticando forse l'esistenza di un apposito ministero delle Riforme istituzionali, quello di Umberto Bossi. Che infatti gli spedisce una frecciata: «È poco furbo. Fare una cosa del genere è come mettersi al muro per farsi sparare». Infatti non ci cascano nemmeno i giudici. Il pubblico ministero Eugenio Fusco contesta il ricorso al legittimo impedimento: «So che è ministro senza portafoglio, ma se non conosco le deleghe di questo ministro come posso immaginare quali sono i suoi impegni istituzionali?». Lo specchio sul quale si sta arrampicando è troppo liscio, e Brancher scivola giù.

Dimissionato a furor di popolo, cade comunque in piedi. Gli viene affidata la gestione di «Odi», acronimo di un ente parastatale dal nome misterioso creato apposta da Berlusconi per amministrare 80 milioni di euro l'anno destinati alle «aree di confine». Comunica egli stesso la lieta novella al termine della tradizionale cena estiva fra ministri a Calalzo di Cadore. Riferisce l'Ansa che Brancher si presenta «portando in omaggio vino di propria produzione e olio pregiato». Ma la giustizia non lo risparmia: gli appioppa una condanna definitiva a due anni di reclusione per i fondi neri della Banca popolare di Lodi di Gianpiero Fiorani.

Innanzitutto la coerenza

«Imprenditrice» è Catia Polidori. La sua famiglia aveva una ditta di lavori stradali, che poi ha ceduto nel 2003. Lei possiede una partecipazione di minoranza in una immobiliare, la Azzurra srl, che a sua volta controlla un'azienda di ceramiche, la Ceramisia. Tutto presumibilmente di proprietà della stessa famiglia. La presunzione è d'obbligo, visto che la quota di controllo della Azzurra è in mano a una società, la Carifin, con sede nel paradiso fiscale di San Marino. L'onorevole Polidori è nazional alleata, fedelissima di Gianfranco Fini. Questo almeno fino al 14 dicembre del 2010, quando i suoi colleghi del Fli, a bocca aperta, la guardano mentre sfila sotto il banco della presidenza a dare il suo voto di fiducia al governo Berlusconi. E pensare che ancora il 3 dicembre aveva messo per iscritto in una lettera al «Corriere»: «Tengo a precisare che la mia candidatura passa attraverso una decennale militanza nel gruppo dei Giovani imprenditori di Confapi, di cui sono stata presidente nazionale per due mandati, e l'attiva partecipazione alla fondazione Farefuturo, di cui sono socio promotore dal 2007. Eletta in quota An nel 2008, da sempre al fianco del presidente Gianfranco Fini, entro nel luglio 2010 in Fli, coerente con la storia politica della mia famiglia e leale al leader che mi ha voluto in Parlamento». Alla tempesta che la investe dopo il salvataggio in extremis del Cavaliere reagisce con sangue freddo: «Rimango coerente con me stessa per aver dichiarato dal 29 luglio in poi che non avrei mai votato contro il governo. Per ulteriore coerenza, lascerò il gruppo di Futuro e libertà». E si trasferisce nell'armata Brancaleone dei Responsabili, rendendosi generosamente disponibile per un posto di governo al primo rimpastino.

Nell'attesa di giurare come sottosegretario allo Sviluppo economico, evento previsto per il 5 maggio 2011, continua a svolgere con diligenza il proprio lavoro. È sua la firma sotto una proposta di legge, depositata l'8 marzo dello stesso anno, tesa ad affrontare uno dei nostri problemi più annosi e di straordinaria attualità, grazie anche all'incombente referendum sull'acqua: il disastro della rete idrica italiana. La relazione documenta che «il tasso di perdita degli acquedotti è del 40 per cento, contro il 10 per cento della Germania e il 15 per cento della Gran Bretagna». Argomenta che «circa il 50 per cento degli attuali acquedotti, pari a oltre 125.000 chilometri, e oltre il 30 per cento delle attuali fognature, pari a 46.000 chilometri, dovranno essere sostituiti entro i prossimi venti anni». Conclude quindi chiedendo per la legge «un iter accelerato». Ma che cosa prevede la proposta? Che lo Stato si faccia carico di un grande piano per l'ammodernamento della rete idrica nazionale, definito da uno speciale comitato. Ne dovrebbero far parte i governatori regionali e alcuni ministri: Infrastrutture, Agricoltura, Ambiente, Rapporti con le Regioni e, *dulcis in fundo*, Sviluppo economico. Ottimo. In quel momento l'onorevole Polidori è ancora consigliere di amministrazione della Sirci Gresintex, impresa leader nella produzione di tubi di plastica per l'acqua, dalle condotte alle fognature, che fa capo alla famiglia di cementieri Colaiacovo.

«Imprenditore» è Cosimo Gallo, piccolo costruttore della provincia di Lecce eletto in Senato dal Pdl. Noto finora alle cronache nazionali, più che per la sua attività professionale, per una stupefacente proposta avanzata sotto forma di emendamento nel maggio 2010. Quella di dare a chi guida l'auto blu una specie di salvacondotto per l'eccesso di velocità, concedendo una «patente professionale» che a differenza di quelle dei comuni automobilisti non perde i punti. Emendamento puntualmente approvato in Commissione, alla faccia delle polemiche sulla Casta. «Vogliamo solo evitare che a pagare sia sempre il solito Cristo. Spesso è il politico a chiedere all'autista di accelerare, magari perché l'aereo è arrivato in ritardo e c'è un appuntamento importante. Non è giusto che la fretta del datore di lavoro ricada sull'autista. Ma che Casta e Casta!», si indigna intervistato dal «Corriere».

Imprenditore di quale impresa?

«Imprenditore» è il senatore Sergio De Gregorio, portato a Palazzo Madama nel 2006 da Antonio Di Pietro e subito passato armi e bagagli con Berlusconi. Il circo messo in piedi intorno alla sigla del suo movimento politico «Italiani nel mondo» fa girare la testa: canali televisivi, immobiliari...

Tutto partito da una brutta palazzina di Fuorigrotta, in via Terracina 431, dov'è registrata una ditta per «distribuzione e commercializzazione all'ingrosso e al dettaglio di prodotti tessili». Come si chiama? «Italiani nel mondo», *of course*. Lo stesso marchio «Italiani nel mondo» valutato due milioni di euro con una perizia che ha del miracoloso, che un suo amico benefattore, un certo Claudio Mele, gli dona graziosamente dopo averlo registrato all'ufficio brevetti per svolgere le attività più varie: apparecchi scientifici e per la registrazione e riproduzione del suono, cuoio e sue imitazioni, bauli, valigie, ombrelli, ombrelloni e bastoni da passeggio, articoli di abbigliamento, scarpe e cappelleria, educazione, formazione, divertimenti, attività sportive e culturali. Perché nella vita non si sa mai... Meglio premunirsi: può capitare anche l'imprevedibile. Per esempio che un giorno la «cattiveria» di qualche magistrato arrivi fino a chiedere al Senato l'autorizzazione agli arresti domiciliari.

E perché mai? Perché nell'inchiesta che riguarda i 23 milioni di euro di fondi pubblici per l'editoria intascati secondo i pm indebitamente dall'«Avanti!» dell'affarista Valter Lavitola, gli stessi magistrati vedono spuntare alcune società riconducibili alla sagoma corpulenta di De Gregorio. Questo, fin dal lontanissimo 1997. Lavitola ci mette sopra pure il carico da undici, dichiarando che il trasloco da Di Pietro a Berlusconi è stato pagato a De Gregorio un milione di euro. «Una cifra che è stata erogata regolarmente da Forza Italia al mio movimento politico, come tutti i piccoli partiti sono stati finanziati per la campagna elettorale del 2007. Tutto già chiarito», ribatte lui. Un mese dopo i suoi colleghi negano l'autorizzazione all'arresto. De Gregorio ringrazia «anche alcuni senatori del Partito democratico» che, ne è certo, hanno votato contro la richiesta.

Il fiuto dell'orafo leghista

«Imprenditore» è il leghista Stefano Stefani, fondatore di una ditta di import-export di pietre preziose, ex presidente della sezione orafi dell'associazione industriali vicentini, al quale il 5 aprile 2012 vengono affidate le chiavi della cassaforte del Carroccio, tolte al tesoriere Francesco Belsito. Quello, per capirci, che investiva i rimborsi elettorali anche in oro e diamanti. Chi meglio di Stefani? Non era forse sempre sceso in campo lui quando si era trattato di giocare le partite più difficili? Come il villaggio turistico in Croazia che lo stato maggiore del Carroccio voleva comprare con un prestito della banca della Carinzia dello xenofobo Jörg Haider: operazione poi clamorosamente fallita... Oppure la Credieuronord, la piccola banca leghista polverizzata da una gestione dissennata, e che nemmeno Gianpiero Fiorani aveva potuto salvare...

E lasciamo perdere la sensibilità diplomatica, che per un imprenditore specializzato nell'export dovrebbe forse essere una qualità non secondaria. Nel 2003 riuscì a scatenare un clamoroso incidente internazionale con un articolo sulla «Padania». Voleva prendersela con l'eurodeputato socialista tedesco Martin Schulz, protagonista di un epico scontro con Berlusconi, ma il risultato fu un'invettiva contro i tedeschi «biondi stereotipati dall'orgoglio ipernazionalista che invadono rumorosamente le nostre spiagge ma sul loro quotidiano più letto, la "Bild", non dimenticano di menzionare il numero dei furti d'auto a Rimini o addirittura le ultime statistiche dei morti di mafia in Sicilia». Era luglio, e la cosa meritava forse di essere liquidata come la pittoresca sparata del solito leghista che aveva preso troppo sole, se l'autore non fosse stato un esponente di governo. Nemmeno uno qualsiasi, nell'occasione: sottosegretario alle Attività produttive con delega per il Turismo. Il Turismo! Il cancelliere tedesco Gerhard Schröder cancellò le vacanze in Italia e toccò a Berlusconi ricucire, dopo che Stefani si era cosparso il capo di cenere. Una figuraccia cosmica per tutti gli italiani.

Cliniche e giornali

«Imprenditore» è il redivivo senatore Giuseppe Ciarrapico, che durante la campagna elettorale del 2008 il leader di Rifondazione comunista Fausto Bertinotti accostò addirittura a Massimo Calearo, definendo «allarmanti» entrambe le candidature, l'una della destra, l'altra della sinistra. Improvvidamente: a parte i vent'anni che li dividono, più diversi i due non potrebbero essere. Calearo, classe 1955, è un imprenditore del Nordest che vende il 90 per cento della produzione all'estero. Ciarrapico, classe 1934, è il classico prodotto del rapporto fra politica e affari, abilissimo nel veleggiare sotto costa. In acque protette. Anche se, a ben vedere, un punto di contatto esiste: ma non interessa né le attività imprenditoriali, né la fede politica. Riguarda l'omosessualità. Durante quella già citata sconcertante intervista del febbraio 2012 alla *Zanzara* di Radio 24, Calearo aveva detto: «Due gay che si baciano? Mi fa schifo, lo facciano a casa loro. Mi giro dall'altra parte. Io sono normale e mi piacciono le donne». Esattamente una settimana prima, interpellato dalla medesima emittente, Ciarrapico l'aveva preceduto: «Due gay che si baciano mi fanno schifo. Durante il fascismo venivano spediti a Carbonia, scavavano e stavano benissimo. Oggi non vale nemmeno la pena mandarceli. In Italia ti devono piacere per forza i gay, ma a me piacciono le donne». Pane al pane.

Quando, nel 2008, si seppe che nelle liste elettorali del Pdl c'era Ciarrapico, uno senza problemi nel rivendicare la sua fede fascista («il saluto romano lo faccio abitualmente, ma in maniera seria. Lo faccio quando vado a Predappio, davanti alla tomba del Duce»), la cosa non passò liscia. A sinistra ringhiavano. A destra, invece, saliva un mugugno sordo e inquietante. Tanto che un giorno, mancava poco alle elezioni, Berlusconi in persona ne prese le distanze: «Posso assicurarvi che Ciarrapico non l'ho voluto io, di più non posso dire». C'era da aspettarselo. Ma non per questo lui gli ha mai portato rancore. Anzi. «Se devo pensare al mio Pantheon politico, al primo posto metto certamente Benito Mussolini, un grande statista. Poi Berlusconi, Craxi e Andreotti», ha confessato tempo dopo. Povero Andreotti, soltanto quarto: bella riconoscenza.

Eppure l'«imprenditore» Ciarrapico, che aveva cominciato stampando libri sul fascismo in una tipografia di Cassino, raggiunge il massimo fulgore sotto Giulio Andreotti. Al crepuscolo della Prima Repubblica è sulla cresta dell'onda. Lo chiamano «Re delle acque minerali», ha case di cura lussuose come Villa Stuart e Quisisana, giornali, la prestigiosa Casina Valadier al Pincio, società finanziarie, perfino la Roma calcio. Le coperture politiche garantiscono lucrosissimi progetti con le imprese pubbliche. I banchieri amici, qual è il patron della Banca di Roma Cesare Geronzi, non fanno mai mancare il sostegno finanziario. Il salto di qualità dev'essere l'affare con Italsanità, società del gruppo Iri che si è impegnata ad affittare a peso d'oro il Policlinico Casilino. Ma crepe profonde si stanno già aprendo nel sistema di potere che regge tutto e l'operazione sfuma. Le inchieste giudiziarie danno il colpo di grazia. Le acque minerali finiscono alla Garma di Raul Gardini e Giulio Malgara. La squadra di calcio la prendono Pietro Mezzaroma e Franco Sensi. Le cliniche vanno alla Banca di Roma per pagare i debiti.

Arrivano anche le condanne a ripetizione: per il Banco Ambrosiano, la Casina Valadier, il finanziamento illecito ai partiti. Ciarrapico sembra finito. Ma è un'illusione. Ci sono ancora i giornali. E gli amici non mancano. Senza contare alcune vecchie cambiali ancora da riscuotere. Perché il fascista Ciarrapico, lo stesso che Berlusconi dice di non aver messo lui in lista, è la persona che con la propria mediazione pone fine alla guerra di Segrate con la spartizione della Mondadori fra il Cavaliere e Carlo De Benedetti.

E magari questo conta qualcosa. Insomma, un giorno la Banca di Roma cede tutte le case di cura appartenute a Ciarrapico a una società che si chiama Eurosanità. Fra gli azionisti compaiono due vecchie conoscenze delle cliniche private, come Emmanuel Miraglia e Max Paganini. Ma soprattutto, e questa è la prima sorpresa, c'è una srl che si chiama 3C: i proprietari sono nientemeno che il principe Carlo Caracciolo e Milvia Fiorani, rispettivamente presidente e consigliere d'amministrazione dell'«Espresso» di Carlo De Benedetti. La seconda sorpresa, ancora più grossa, è il nome del direttore generale di Eurosanità. Si tratta infatti di Tullio Ciarrapico, il figlio di Giuseppe, che negli anni Settanta, militante dell'estrema destra al liceo Virgilio di Roma, era sempre in prima fila quando c'era da menare le mani.

Carlo Caracciolo e Giuseppe Ciarrapico si conoscono da anni. Da prima ancora che scoppiasse il caso Mondadori. Tanto che, quando il principe muore, a gennaio del 2009, il Ciarra ci tiene «a dichiarare che sino all'ultimo istante della sua vita io e Carlo abbiamo vissuto una carissima, intensa, affettuosa amicizia». E al «Sole 24 Ore» rivela che il suo amico è stato anche il suo benefattore: «Fu quando le banche volevano portarmi via le cliniche. Mi firmò una fidejussione di oltre 200 miliardi di vecchie lire». Ciarrapico dunque è di nuovo in sella. La presenza del figlio in Eurosanità sta a indicare che nella società c'è pure del suo. «Azionista rilevante» del gruppo, lo definisce l'Ansa quando entra in Senato, a 74 anni.

Ma di lì a poco ecco una nuova tegola. Il 30 gennaio del 2012, a conclusione di una inchiesta durata un paio d'anni, i giudici del tribunale di Roma lo rinviano a giudizio per una presunta truffa da 30 milioni alla presidenza del Consiglio. Una faccenda pelosa, per un senatore in carica. Tanto più con quei trascorsi. L'accusa? Quella di aver raggirato le norme per accedere ai fondi pubblici dell'editoria: incassando in questo modo, con le società editoriali «Ciociaria Oggi» e «Nuova Editoriale Oggi», il doppio di quanto dovuto.

Giornali e sanità sono un binomio inscindibile anche per l'ex portantino del Policlinico Antonio Angelucci, ora immensamente ricco. Deputato del Pdl neoeletto nel 2008 alla tenera età di quasi 64 anni, dichiara l'anno seguente un reddito di 6,2 milioni di euro. Secondo soltanto a Silvio Berlusconi: inarrivabile, con 40,9 milioni. Intorno alla holding di famiglia, Tosinvest, ha costruito un gruppo enorme e ramificato che parte dalle cliniche private, naturalmente convenzionate con la sanità pubblica, per arrivare alle immobiliari e alle finanziarie, fino appunto alle società editoriali. Prima ha provato con il quotidiano dell'ex Pci, «l'Unità». Quindi, per non far torto a nessuno, con il destrorso «Libero» e il sinistrorso «Il Riformista». Comunque sia, sempre giornali foraggiati in anni e anni dalla presidenza del Consiglio con i fondi per l'editoria. Da rubricare sotto la voce: il rischio imprenditoriale prima di tutto. Il solo «Libero» ha incassato in quattro anni, dal 2004 al 2007, oltre 28 milioni di contributi statali. Ottenuti, per il 2007, a valere su un comma della legge che consente di finanziare giornali controllati da «cooperative, fondazioni o enti morali». All'inizio di quell'anno la proprietà dell'editrice è passata proprio a un ente morale: la Fondazione San Raffaele, sempre di proprietà della famiglia Angelucci.

Ma quale Cina... meglio la Bielorussia!

Oggi si fa presto a dire «imprenditori». Una volta quel termine era sinonimo di «industriali», tanto il rischio d'impresa si identificava con l'attività manifatturiera. Poi tutto è cambiato, insieme all'Italia.

Nella prima legislatura c'era soltanto un senatore che si qualificava «imprenditore»: il socialista Attilio Tissi. «Imprenditore edile», c'era scritto nella sua scheda. Dunque un uomo d'industria. Socialista. Non voleva definirsi «industriale» per non essere confuso con i padroni? Chissà. Allora di «industriali» in Senato ce n'erano 14, quasi tutti democristiani. Un gruppo capitanato da Enrico Falck, presidente delle acciaierie di famiglia.

Durante le elezioni del 1948 Berlusconi non era ancora dodicenne, ma aveva già fatto la sua piccola discesa in campo. Almeno così ha raccontato a Paolo Guzzanti nel libro *Guzzanti vs Berlusconi* pubblicato nel 2009 da Aliberti: «Quell'anno, nel 1948, io avevo 12 anni e facevo la seconda media, ed ero dai salesiani a Milano e dai salesiani passavano quei sacerdoti, pochi, che riuscivano a fuggire dalla cortina di ferro e che erano i sacerdoti della famosa chiesa del silenzio, che a noi raccontavano quello che succedeva dall'altra parte; quindi le condizioni di vita a cui era ridotta la gente, come ciascuno spiasse l'altro, come non c'era la libertà di dire nulla. [...] Nella scuola dei salesiani c'erano dei ragazzi che attaccavano dei manifesti e io attaccavo quelli della Democrazia cristiana con Veritas sopra. In due occasioni sono stato scoperto e aggredito da una squadra dell'altra parte, che me le ha date di santa ragione. Loro attaccavano i loro manifesti sopra i nostri, noi li attaccavamo sopra i loro, evidentemente in una di queste due operazioni fummo colti sul fatto e fui proprio picchiato di brutto».

Berlusconi non è il prototipo dei capitani d'industria degli anni Cinquanta. Non lo potrebbe essere per varie ragioni. Piuttosto è illuminante, per inquadrare il personaggio, riascoltare quello che disse nel 1981 il futuro presidente del Consiglio alla televisione svizzera Rsi per il programma *Milano su misura*: «Io sono un qualunquista da questo punto di vista perché quando tutti sono preoccupati, che siamo in crisi di governo, ho degli amici che mi telefonano da New York e mi dicono: "Ah perbacco, ti va male, non hai il governo...". Io invece gli dico: "Guarda che sto brindando a champagne, mi auguro che non ci sia per molto tempo!"».

Eppure mai, nel dopoguerra, un politico imprenditore è stato popolare come lui. Prima della guerra, soltanto Benito Mussolini. Le folle lo adorano. Nell'urna, milioni di italiani fanno entusiasti la croce sul suo nome. Dovunque ha messo le mani ha avuto successo: le palazzine, la televisione, il Milan... Il successo è la sua garanzia. Promette di governare il Paese come un'azienda e la gente gli dà fiducia. Promette un nuovo miracolo economico. Promette il divorzio fra lo Stato e l'economia. Promesse, promesse...

I risultati sono altri. Alla fine del 2011, quando lascia il posto a Mario Monti, la spesa pubblica veleggia sopra il 50 per cento del Prodotto interno lordo. La produttività è sotto i tacchi: negli ultimi dieci anni l'Italia ha registrato il minor aumento di tutta l'Unione europea. Anche la crescita economica, e non soltanto per la crisi, è inesistente. Fra il 2001 e il 2010 la ricchezza mediamente prodotta da ogni italiano è diminuita del 5 per cento. Di più. Le privatizzazioni sono ferme da anni. Le liberalizzazioni, poi, non se le ricorda più nessuno. Mentre i costi della politica, nel decennio iniziato nel 2001, letteralmente esplodono: i rimborsi elettorali crescono di dodici volte. L'8 settembre 2001 racconta di aver incontrato una Margaret Thatcher esterrefatta perché il suo successore laburista Tony Blair ha portato da 70 a 200 il numero dei collaboratori di Downing Street. E confessa il proprio sconforto: «Io a Palazzo Chigi mi sono trovato 4500 persone. Penso che serva una rivoluzione pacifica per ammodernare lo Stato». Quando esce dalla presidenza del Consiglio, un decennio dopo, a Palazzo Chigi di persone ce ne sono almeno 4600.

Se questa doveva essere la gestione «aziendale»... Ma il Cavaliere sembra aver perso anche il proverbiale fiuto imprenditoriale. Prova ne sia il fatto che non ha mai trovato il tempo di fare una visita come si deve nelle tre locomotive emergenti dell'economia mondiale: la Cina, il Brasile e l'India. Dirà che no, lui in Cina c'è andato ben due volte. Esatto: mai però, mai, come capo del governo italiano. La prima volta nel 2003 con l'abito di presidente di turno dell'Unione europea; la seconda, nel 2008, per l'Asia-Europe Meeting. In Brasile, nel 2010, è stato invece protagonista di una visita lampo: stando ai resoconti dell'Ansa, 28 ore in tutto. Tempo che tuttavia gli è stato sufficiente per assistere a uno spettacolo di sei ballerine sei e intrattenere gli imprenditori italo-brasiliani con l'ennesima storiellina a sfondo sessuale: «Stamani in albergo volevo farmi una ciulatina con una cameriera, ma la ragazza mi ha detto: "Presidente, ma se lo abbiamo fatto un'ora fa!". Vedete che scherzi che fa l'età?».

Quanto all'India, nel 2003, era tutto pronto. Sarebbe stato un viaggio storico, con tanto di pellegrinaggio al mausoleo di Gandhi. Finché «un lieve malessere di origine gastrointestinale ha indotto i medici a consigliare al presidente Berlusconi di rinviare la prevista visita in India». Testuale nel comunicato di Palazzo Chigi.

Passi il fatto che il Prodotto interno lordo della Cina, dopo essere cresciuto in dieci anni di quasi tredici volte, sia il triplo del nostro, che pure il Brasile ci abbia superati e che l'India si appresti a farlo quanto prima. A quelle economie Berlusconi non ci ha mai creduto se è vero, come ha riportato l'Ansa, che nel 2005 consigliava agli imprenditori italiani di investire piuttosto in «mercati più vicini come quelli dei Balcani, dell'Europa orientale, della Russia e della Bielorussia», perché i Paesi emergenti «non sono ancora dei mercati in cui noi possiamo pensare di investire quanto vorremmo». Motivo? «Secondo il premier il tasso di povertà di quei mercati è tale da non consentire, se non a una piccolissima percentuale della popolazione, l'acquisto di prodotti del *made in Italy*», spiegava l'agenzia di stampa.

Evidentemente non avevano capito nulla i tedeschi, i cui investimenti in Cina, già nel 2003, toccavano 8 miliardi di euro. Né i francesi, attestati sui 6 miliardi, ventitré volte la cifra (265 milioni) messa in campo dagli italiani. Ma neppure gli economisti che allora prevedevano l'esplosione del numero dei nuovi ricchi: secondo la Confindustria nel 2015 saranno, soltanto in Cina, 201 milioni. Un numero pari alla popolazione di Italia, Francia e Germania.

Fedele alla propria tesi, Berlusconi ha invece incontrato dal 2008 al 2011 almeno nove volte il monarca russo Vladimir Putin: l'ultima a Mosca per i 59 anni dell'ex capo del Kgb, un mese prima delle dimissioni dalla presidenza del Consiglio. Ma ancora più intensa, se possibile, è stata la frequentazione con Muhammar Gheddafi. Dal 2008 e fino allo scoppio della guerra civile in Libia si sono visti undici volte, compresa quella umiliante per tutti gli italiani del baciamano di Berlusconi al dittatore libico.

Rampolli spaesati

Nonostante l'industria non sia più popolare come un tempo, ancora 6 parlamentari su 116 hanno scritto nel loro curriculum, alla voce professione, «industriale». Non Massimo Calearo Ciman. Né Matteo Colaninno della famiglia proprietaria della Piaggio, ex presidente dei giovani confindustriali, deputato del Pd che durante la campagna elettorale del 2008 passa forse uno dei momenti di maggior travaglio interiore. Perché, mentre il Partito democratico vuole vendere l'Alitalia ai francesi, Berlusconi tifa per suo padre Roberto, ex conquistatore prima di Telecom Italia e poi della Vespa, che sta organizzando la cordata della Compagnia aerea italiana (Cai) per comprare la compagnia di bandiera. Matteo cerca di cavarsela prendendo le distanze: «Io sono fuori, ma se mio padre facesse un'offerta, lo guarderei con preoccupazione. Alitalia è a un punto di non ritorno. C'è un'offerta di Air France ed è indubbio che è una delle migliori compagnie mondiali». L'imbarazzo comunque resta. Anche perché Colaninno junior è uno degli amministratori della Immsi, società con la quale Colaninno senior guida la cordata. Il giorno in cui il consiglio decide, Matteo è ovviamente assente. Dieci giorni dopo, insiste: «Io avrei venduto ad Air France, se fossi stato capo del governo avrei fatto la stessa scelta di Romano Prodi». Precisato questo, timidamente spera «che si arrivi a un accordo» sul piano di salvataggio dell'Alitalia «perché è l'ultima occasione». Finché, a un certo punto, molla gli ormeggi: «A questo punto tifo Cai».

Sensazioni simili a quelle che forse ha dovuto provare la collega di Camera e di partito di Colaninno junior Maria Paola Merloni, quando per il gruppo di famiglia si è profilata una dura ristrutturazione. Ex presidente degli industriali marchigiani e figlia dell'ex capo di Confindustria Vittorio Merloni, la parlamentare del Pd è pure consigliere di amministrazione della holding familiare Fineldo e della Indesit. Un bel dilemma, perché mentre la sua azienda ipotizza di chiudere lo stabilimento di None, in Piemonte, i colleghi deputati torinesi del Pd scendono in piazza contro quel disegno a fianco dei lavoratori.

Ma per un imprenditore che decide di imboccare la strada della politica, anche queste sono cose da mettere nel conto. Soprattutto se sta con il centrosinistra. E dire che Maria Paola Merloni avrebbe anche potuto scegliere. Quando però Berlusconi, nel 2004, le propone di correre per Forza Italia alle regionali, lo gela così: «Non posso né voglio deludere la fiducia degli imprenditori marchigiani e di Luca di Montezemolo». Poi, nel 2006, si candida con la Margherita. Trovandosi d'un tratto accomunata a quegli imprenditori che il Cavaliere bolla in una intervista al «Corriere Adriatico» come «una pattuglia di furbacchioni» che si mette «sotto l'ala protettiva della sinistra o per garantirsi immunità giudiziaria o per avere sostegno nei loro affari, o per avere visibilità sui giornali e sulle televisioni».

Verdini e gli altri

Inutile cercare l'erede della dinastia degli elettrodomestici fra i 6 parlamentari orgogliosamente «industriali». Non c'è neppure lei.

Ma chi sono allora? Il senatore Alberto Filippi, vicentino di Arcugnano, titolare di una piccola azienda del settore chimico, eletto con la Lega Nord e poi diventato Responsabile. Salvatore Ruggeri, imprenditore pugliese del settore dei metalli, deputato dell'Udc. Vincenzo Speziali, senatore del Pdl, produttore di cemento originario di Bovalino, in provincia di Reggio Calabria.

Dello stesso partito è Massimo Nicolucci, già titolare di una impresa individuale per la fabbricazione di tubi e valvole cancellata nel 2000, in seguito azionista di una ditta nel settore informatico ora in amministrazione straordinaria: partecipazione peraltro dismessa da vari anni. È dal 1996 socio di un'accomandita di famiglia, la Gebar sas di Massimo Nicolucci & c., per la gestione di stabilimenti balneari. Ma nel gennaio 2012 è anche fra i promotori della Polaris consulting srl (Political strategy and organization). Una società per la «formazione di candidati ad elezioni politiche o amministrative e di parlamentari e della classe politica in genere». Azionisti, oltre al suddetto Nicolucci: l'ex ministro Claudio Scajola, quello della casa al Colosseo pagatagli «a sua insaputa», il di lui fido scudiero onorevole Ignazio Abrignani, e i due deputati del Popolo della libertà Paolo Russo e Massimo Maria Berruti. Quest'ultimo, ex ufficiale della Finanza ed ex consulente della Fininvest, è risultato fra l'altro coinvolto in un filone del processo per i diritti tv Mediaset. In Cassazione se l'è cavata con la prescrizione.

Altro «industriale» del Pdl è il deputato Massimo Parisi: socio nella Nuova Toscana Editrice del coordinatore del partito Denis Verdini e a sua volta coordinatore regionale del Popolo della libertà. Nonché azionista di minoranza della Edicity, società controllata da Maria Simonetta Fossombroni, moglie di Verdini. Nomi e sigle finiti nel mirino degli 007 della Vigilanza incaricati di passare al setaccio i conti della banca guidata per anni da Verdini, il Credito cooperativo fiorentino. Che nel 2010 hanno rivelato ai magistrati impegnati nelle indagini sulla cosiddetta P3 alcuni passaggi di denaro riguardanti anche un'altra società del coordinatore nazionale del Pdl: la Società toscana di edizioni, editrice del «Giornale della Toscana», «panino» regionale del «Giornale» della famiglia Berlusconi che, secondo gli uomini di Bankitalia, «rappresenta un grande fido per la banca, in quanto l'esposizione è superiore al 10 per cento del patrimonio», come Fiorenza Sarzanini racconta il 22 luglio 2010 sul «Corriere».

Nel suo resoconto di quella giornata di interrogatori la giornalista riporta per filo e per segno la deposizione dell'ispettore Vincenzo Catapano: «Ci siamo soffermati su un credito esposto nel bilancio del 2008 verso terzi rilevante, per circa 2 milioni e 600.000 euro. La cui natura non era sufficientemente illustrata nel bilancio. Dalla relazione della società di revisione emergeva che questo credito era stato oggetto di cessione nel giugno 2009. E solo il 7 maggio 2010 abbiamo ricevuto copia del documento da cui si evince che deriva da un preliminare di acquisto di quote partecipative del 70 per cento della Nuova Toscana Editrice stipulato l'8 settembre 2004 tra la Ste e i signori Verdini e Parisi. Peraltro dall'esame del conto della Ste erano emersi, nel periodo giugno-dicembre 2009, diversi versamenti in contanti derivanti dal cambio di assegni circolari. [...] Dall'esame del conto della Ste, dal 2005 in poi, sono emersi effettivamente pagamenti dalla Ste ai signori Verdini e Parisi avvenuti il 31 gennaio e il 22 febbraio 2005 per un totale di 2 milioni e 600.000 euro con causale "acquisto quote". In particolare quest'ultima transazione risulta in parte erogata su un conto corrente intestato al dottor Verdini e alla signora Fossombroni e l'intera operazione sembra essere collegata a un'operazione su un immobile: la Ste ha riscattato tale immobile fino ad allora condotto in leasing e lo ha rivenduto alla Agrileasing che poi lo ha concesso nuovamente in leasing alla società Edicity che fa capo alla signora Fossombroni».

Chiude la pattuglia dei nostri parlamentari capitani d'industria la senatrice azzurra Ada Spadoni Urbani. Ha una società, testuale dal Registro delle imprese, di «consulenza e assistenza operativa alle aziende, relazioni pubbliche volte ad affermare l'immagine e a formare opinioni favorevoli nei confronti dell'impresa». In più, è socia di minoranza di un broker di assicurazioni. Dice tutto il curriculum vitae tratto dal suo sito internet personale: «Imprenditrice, grande ufficiale della Repubblica, giornalista, socia del Rotary Club, della Accademia della Cucina. Già sindaco di Scheggino nel 1990, è stata assessore alla Comunità Montana, membro del comitato dei garanti della Usl 12 e appartenente all'Ordine Equestre del Santo Sepolcro di Gerusalemme. Nel 1995 è stata rieletta sindaco di Scheggino e contemporaneamente consigliere regionale nelle liste di Forza Italia con 3347 preferenze. Già vicepresidente della Regione dal 1997 al 1998 e successivamente della II Commissione Consiliare Permanente. Nel 2000 è stata rieletta consigliere regionale sempre di Forza Italia ed ha ricoperto il ruolo di consigliere segretario dell'Ufficio di Presidenza fino a fine mandato. Rieletta nel 2005 consigliere regionale ha ricoperto il ruolo di vicepresidente della II Commissione Consiliare Permanente attività produttive, urbanistiche, ambientali e infrastrutture e dal 14 novembre 2007 il Consiglio l'ha di nuovo nominata vicepresidente. Eletta nelle elezioni politiche del 13 e 14 aprile 2008 Senatore della Repubblica nelle liste del Pdl». E l'industria?

Le fiction dell'onorevole

Potremmo finire qui. Se non fosse d'obbligo parlare dell'unico politico che bada bene a non presentarsi in veste di «imprenditore», ma che in realtà lo è assai più di molti altri parlamentari. È Luca Barbareschi, «attore». Attore, e di fama, Barbareschi lo è di sicuro. Ma negli ultimi anni ha sviluppato una redditizia attività parallela: quella di produttore televisivo. È l'animatore della casa di produzione Casanova Multimedia. Costituita l'8 giugno del 2009, quando l'attore era in Parlamento da più di un anno, fa letteralmente sfracelli. Produce le serie televisive più importanti, a partire dalle fiction di punta della tivù di Stato come *Nero Wolfe* e *Walter Chiari*. E muove soldi, tanti soldi. Nel 2010, secondo anno di attività, il giro d'affari è stato di 21 milioni e 837.023 euro. Il suo pacchetto azionario è al riparo da occhi indiscreti nella fiduciaria della Bnl, Servizio Italia. Barbareschi figura infatti esclusivamente azionista di una società di pubbliche relazioni, comunicazione aziendale e organizzazione di eventi, nata con la denominazione «Lubagest» all'inizio del 2012.

Ma oltre che di fortunate avventure imprenditoriali, film, serie televisive e spettacoli di prosa, Barbareschi è stato protagonista anche di alcuni interessanti cambi di direzione parlamentare. Eletto in quota An nel Pdl, è sempre stato fedele a Gianfranco Fini. Tanto da seguirlo nel Fli quando ha divorziato da Berlusconi. Soltanto fino a un certo punto del cammino, però. Perché dal 30 luglio 2010 ha lasciato i finiani per rifugiarsi nel gruppo misto. Un modo per non far mancare l'appoggio al governo del Cavaliere salvando la faccia? «Avevo deciso di entrare nel Fli perché pensavo che fosse importante creare all'interno del Pdl un gruppo di persone più innovative che potessero spingere il partito verso il rinnovamento. Poi sono tornato al Pdl perché il mio programma era quello di essere di stimolo, non di fare un patto con un certo tipo di magistratura e tradire completamente il patto con gli elettori e suicidarsi; quando ho capito che la logica era questa mi sono messo nel gruppo misto per una questione di buongusto, perché bisogna assumersi la responsabilità di un errore», ha spiegato a Paolo del Debbio su Canale 5.

Da quando è caduto Berlusconi e si è insediato Mario Monti, Barbareschi ha marinato il 91,2 per cento delle votazioni, tanto il lavoro di produttore televisivo dev'essere stato impegnativo. Nel mese di giugno 2012 non è andato mai a votare. Soltanto il Cavaliere l'ha battuto, con il tasso di assenza del 99,6 per cento. In otto mesi del governo Monti, dal dicembre 2011 alla fine del luglio 2012, il deputato Berlusconi non più presidente del Consiglio ha schiacciato il bottone cinque volte. Cinque, su 1181 votazioni elettroniche. Dimostrazione di come possano essere interpretati talvolta gli obblighi istituzionali che competono ai rappresentanti dei cittadini.

A parte questo, nella vicenda Barbareschi c'è qualcosa di più importante che non torna. Davvero non ci può essere nulla da ridire sul fatto che un parlamentare in carica lavori contemporaneamente nella veste di produttore, per la tivù di Stato? Che, com'è noto, ha per una regola assurda un consiglio di amministrazione nominato dal Parlamento? È una cosa normale?

4

Questione di famiglia

Ascesa e caduta di Ligresti. Fra protezioni politiche e lettere segrete

Quarantadue milioni. Provate a immaginare la faccia dei sindaci revisori di Fondiaria-Sai quando hanno scoperto che in otto anni il gruppo assicurativo aveva speso quella cifra soltanto per alcune consulenze. Quarantadue milioni: l'equivalente di ottantatré anni di stipendio di un bravo impiegato della compagnia. E di quali preziosi consigli aveva necessità la ditta che faceva capo a Salvatore Ligresti, da pagarli così profumatamente?

Le carte saltate fuori in seguito a un esposto di un azionista che ha messo in moto il collegio sindacale parlano fra l'altro, ha raccontato «La Stampa», «di assistenza [...] in ordine alle problematiche di natura urbanistica, edilizia e amministrativa». Campo nel quale il consulente individuato per svolgere questo delicato incarico non teme rivali. Senza dubbio alcuno. Perché il suo nome è Ligresti Salvatore da Paternò, provincia di Catania. Avete capito bene: il gruppo di cui la Premafin di Ligresti era il socio principale con il 32,5 per cento, e nel quale lo stesso Ligresti ricopriva l'importante carica di presidente d'onore, assumeva come consulente Salvatore Ligresti. Che male c'è? Con i propri soldi un privato fa quello che vuole. Peccato che quei soldi non siano proprio suoi. Non tutti, almeno. Tanto la holding Premafin, quanto Fondiaria-Sai e la controllata Milano Assicurazioni, ovvero le due compagnie che dal 2003 al 2010 hanno versato 42 milioni al consulente Salvatore Ligresti, sono società quotate in Borsa. Una fetta non irrilevante, dunque, è anche di proprietà dei risparmiatori i quali ne hanno comprato le azioni nella speranza che producano profitti. E non perché i loro soldi finiscano nelle tasche di un socio di riferimento per stravaganti consulenze, o altro. Ma il caso Ligresti è emblematico di quale sia stato, per una certa finanza, il ruolo della Borsa e del gregge chiamato a comprare le azioni: sempre pronto a essere tosato.

Eppure in tutta questa incredibile vicenda le consulenze milionarie che Ligresti assegnava a Ligresti sono un dato quasi trascurabile. Basta leggere un articolo pubblicato dal «Corriere» il 4 aprile 2012, con il quale Sergio Bocconi ricostruisce il volume delle cosiddette «operazioni con parti correlate». Che cosa sono? Per esempio l'affidamento di lavori da parte di Fonsai a imprese legate alla famiglia Ligresti. Per esempio la vendita al gruppo assicurativo di immobili, catene alberghiere o terreni di proprietà della stessa famiglia. Senza trascurare altri affarucci, come la sponsorizzazione della società Laità, proprietaria del cavallo Toulon, il purosangue della primogenita di Ligresti, Jonella: 1,4 milioni nel solo 2010 e quasi 5 milioni di euro dal 2003, secondo quanto ha ricostruito Andrea Giacobino sul «Mondo» nel luglio 2012. Oppure un investimento di 1,2 milioni «funzionale alla proposizione al pubblico di una linea di borse assicurate contro la rapina e lo scippo», con tanto di campagna pubblicitaria. Borse griffate Gilli, la *petit maison* della secondogenita Giulia Maria Ligresti, titolare anche della società di comunicazioni Gilli Communication impegnata nelle attività di propaganda aziendale.

Dal 2005 al 2011 il gruppo Fonsai ha sborsato per questo genere di operazioni di natura «familiare» la bellezza di 693 milioni, ricavandone proventi per 286 milioni. Il che significa, conclude Bocconi, che la famiglia ci ha guadagnato, in soli sei anni, 407 milioni di euro. Da notare che nel 2005 il gruppo Fonsai, frutto della fusione fra la Sai dei Ligresti e la Fondiaria della Montedison che l'intraprendente uomo d'affari siciliano ha rilevato da Mediobanca nel 2001, era già quotato in Borsa da un paio d'anni. Va anche sottolineato che quasi tutte queste operazioni, per circa 600 milioni, sono state perfezionate a partire dal 2008. Ossia, quando già la situazione finanziaria cominciava a essere traballante. Negli ultimi quattro anni che hanno preceduto lo showdown del 2012, con l'acquisizione da parte di Unipol, il gruppo Fonsai ha accumulato perdite per 2 miliardi e 259 milioni: ai 90 milioni di utili del 2008 è seguito un deficit di 391 milioni nel 2009, un passivo di 928 milioni nel 2010, per chiudere con un rosso di un miliardo e 30 milioni nel 2011.

Le spine del controllore

Il bello è che per scoprire molti di questi giochetti c'è voluta, come abbiamo già detto, la denuncia di un azionista. Ma non italiano. Si tratta del fondo d'investimento americano Amber Capital, che aveva comprato titoli per circa il 2 per cento del capitale. Difficile dire se in mancanza di una iniziativa tanto decisa di un socio straniero sarebbe mai venuta alla luce quella che Bocconi ha definito «la lenta sottrazione di risorse che ha portato al tracollo» di un gruppo «messo in ginocchio», secondo il giornalista del «Corriere», «da una gestione a dir poco familiare rispetto alla quale le authority, la Consob di Lamberto Cardia e l'Isvap di Giancarlo Giannini, si sono distinte per interventi che oggi si possono ben definire lacunosi e tardivi».

E qui i più maliziosi non si sono fatti certamente pregare per ricordare i trascorsi fra il gruppo Ligresti e un altro Cardia, nome di battesimo Marco, che dell'ex presidente della Consob è il figlio. Il 27 marzo del 2012 il senatore dell'Italia dei valori Elio Lannutti ha presentato una interrogazione al fulmicotone nella quale figurano ampi stralci di una inchiesta del giornalista Vittorio Malagutti, pubblicata dall'«Espresso» in epoca non sospetta. Era soltanto l'inizio del 2008. Le avvisaglie di una possibile ristrutturazione del gruppo Fonsai c'erano tutte, ma nessuno ancora immaginava in quale voragine sarebbe sprofondato.

Ecco la ricostruzione di Malagutti: «Marco Cardia, 44 anni, figlio del numero uno della Commissione di controllo sulla Borsa, vanta da anni stretti rapporti con le aziende del finanziere siciliano Salvatore Ligresti. Cardia junior, tra l'altro, è un professionista di fiducia dell'Immobiliare Lombarda, la società quotata in Borsa controllata da Ligresti tramite Fondiaria-Sai. Partirà da qui, come annunciato nei giorni scorsi, l'operazione che dovrebbe ridisegnare l'organigramma del gruppo che fa capo alla holding Premafin. [...] A Cardia padre, nel suo ruolo istituzionale, toccherà valutare l'operazione sul piano della trasparenza e dell'informativa al mercato. Suo figlio, invece, finirà per diventare parte in causa di quella stessa girandola societaria. Cardia junior, infatti, che di mestiere fa l'avvocato, è stato designato dall'Immobiliare Lombarda nel comitato di tre professionisti che vigila sull'organizzazione societaria in base alla legge 231 del 2001 (responsabilità penale delle aziende). Anche la Premafin, tra tanti professionisti con competenze in questo specifico settore, ha scelto proprio il figlio del presidente della Consob per affidargli un incarico nel comitato di controllo istituito dalla legge 231. Bussando alle porte del gruppo Ligresti l'avvocato Cardia è poi riuscito a soddisfare brillantemente le sue esigenze immobiliari. Da qualche tempo ha trasferito la sua residenza nel quartiere Parioli a Roma, in un elegante palazzo dato in affitto dalla Milano Assicurazioni, controllata da Fondiaria-Sai. Ed è targata Ligresti anche la proprietà della sede milanese dello studio legale Cardia, non lontano dalla stazione Centrale». La conclusione di Malagutti: «Sulla carta è tutto in regola. Nessuna legge vieta ai figli dei commissari Consob di accettare incarichi retribuiti da aziende sottoposte al controllo della Commissione. Nel mondo della finanza, però, esistono norme che, in materia, fissano con precisione alcuni principi in materia di incompatibilità. Il codice di autodisciplina delle aziende quotate, per esempio, prescrive che il consigliere di amministrazione di una società quotata in Borsa non può dirsi indipendente se un suo parente stretto (figli compresi, ovviamente) "ha o ha avuto nell'esercizio precedente una significativa relazione commerciale, finanziaria o professionale" con la società in questione o con un soggetto che la controlla. Viene da chiedersi, allora, se le stesse garanzie di indipendenza non debbano valere, a maggior ragione, anche per i cinque commissari dell'authority di controllo sui mercati».

E non è la sola domanda. Viene anche da chiedersi quale sia il confine fra un certo modo di interpretare la finanza e il gioco d'azzardo. Conoscendo però già la risposta: la principale differenza è che qui si gioca con i soldi dei risparmiatori. Senza nemmeno escludere la possibilità di barare, come dimostra la storia che segue.

La lettera che non c'è

A fine giugno del 2012 l'epoca Ligresti si può considerare archiviata. Il gruppo Fonsai finisce alla rediviva Unipol guidata da Carlo Cimbri. Una soluzione fortemente caldeggiata, per usare un eufemismo, da Mediobanca e dal suo amministratore delegato Alberto Nagel. Ma i contendenti dell'Unipol, la Palladio finanziaria (cassaforte delle ricche famiglie del Nordest) e il fondo Sator (dell'ex amministratore delegato di Capitalia Matteo Arpe), non si rassegnano. Gettano la spugna solo quando una sentenza del Consiglio di Stato fa svanire l'ultima flebile illusione. È il 1° agosto 2012, un giorno che pure Nagel ricorderà forse per sempre. L'amministratore delegato di Mediobanca, secondo azionista del gruppo editoriale Rizzoli-Corriere della Sera, viene interrogato per sei ore da Luigi Orsi. Si tratta del pubblico ministero milanese al quale è affidata un'inchiesta nell'ambito della quale Nagel risulta in quel momento indagato per «ostacolo all'attività di vigilanza». Il corpo del reato è una lettera segreta datata 17 maggio con la quale sarebbero state definite le condizioni dei Ligresti per l'uscita di scena. Innanzitutto, 45 milioni di euro come controvalore del pacchetto Premafin custodito dalla famiglia. Quindi una scrivania per Paolo Gioacchino, il più giovane dei tre figli: non un posto da mezzemaniche, sia chiaro, ma una posizione manageriale in una società svizzera targata Fonsai. Infine, buonuscite economiche per Jonella e Giulia Maria.

Un paracadute mica da ridere, per la prole. Visto, almeno, come vanno certi affari. «Dopo le borse Gilli di Giulia Ligresti anche i quattro cavalli della sorella Jonella hanno finito la benzina: tutte vittime del crac dell'impero di papà Salvatore», scrive, come abbiamo detto prima, Andrea Giacobino sul «Mondo».

La società Laità di Jonella, proprietaria dei cavalli con cui la figlia maggiore di Salvatore partecipa ai concorsi ippici, comprati grazie a un contratto di leasing con UniCredit (secondo azionista di Fonsai), archivia il 2011 in rosso per 2,6 milioni. La *petit maison* Gilli di Giulia Maria, controllata a cascata dalla holding Sinergia, dichiarata fallita dal tribunale il 13 giugno 2012, accumula in due anni perdite per 1,7 milioni. Nel frattempo la Gilli Communication finisce in liquidazione.

A giudicare dai bilanci, nemmeno la società di cui Paolo Gioacchino Ligresti ha rilevato nel 2006 la maggioranza nuota nell'oro. È la Star Management, fondata nel 2003 dai procuratori calcistici Claudio Pasqualin e Andrea D'Amico, con la seguente ambizione: fornire consulenza integrale a personaggi sportivi «di successo». Nel sito scorrono le immagini dei calciatori Rino Gattuso, Javier Zanetti, dello schermidore Andrea Cassarà... Andrà meglio con l'avventura nel settore alimentare, nella quale il giovane Ligresti si è imbarcato con l'acquisizione dell'Accademia della pasta italiana, ditta specializzata nella produzione di pasta fresca surgelata, insieme ai rampolli dell'imprenditore Giovanni Gorla. Quest'ultimo noto, in passato, anche come leader del consorzio di ditte appaltatrici dei servizi di pulizia delle ferrovie che contava fra i suoi aderenti anche l'ex braccio destro di Bettino Craxi, Giorgio Tradati.

Gli affari sono affari. Ma Paolo Ligresti non si tira indietro nemmeno quando c'è da fare le buone azioni. Infatti partecipa alla onlus benefica Milano Young fondata nel 2005. Con lui, alcuni dei rampolli più in vista della Milano che conta. Ci sono Barbara Berlusconi, Francesca Versace, Giulia Zoppas... E Antonino Geronimo La Russa, primogenito di Ignazio La Russa, il cui nome denuncia la passione dell'ex ministro della Difesa per l'epopea degli indiani d'America. Trasmessa alla discendenza per imposizione anagrafica: ha chiamato gli altri due figli Lorenzo Cochis e Leonardo Apache.

L'iniziativa di Milano Young che fa più discutere è un convegno organizzato alla Bocconi nel 2008 durante il quale si registra anche una delle rare e fugaci apparizioni pubbliche di Veronica Lario, mamma di Barbara. Argomento: l'etica nei sistemi economici e nella conduzione d'impresa.

L'etica. Per restare a questo tema così importante, torniamo alla lettera segreta. A questo punto, occhio alle date. La scrittura privata risale al 17 maggio. Mentre il 24 di quello stesso mese, una settimana esatta più tardi, la Consob rende note le regole da rispettare per evitare che l'Unipol sia costretta ad affrontare una dissanguante offerta pubblica di acquisto. La principale condizione è che i Ligresti si facciano da parte senza intascare un solo euro.

L'esistenza della lettera segreta, racconta il 25 luglio 2012 Luigi Ferrarella sul «Corriere», è rivelata al giudice Orsi dagli stessi figli di Ligresti, per i quali quel patto sarebbe stato sottoscritto tanto da Nagel quanto da loro padre. Ma l'aspetto più inquietante di questo episodio è che un bel giorno Jonella registra di nascosto un suo colloquio con Cristina Rossello. E la registrazione finisce in procura, come prova ulteriore che il patto c'è davvero. Cristina Rossello è un avvocato decisamente noto a Milano. Nella causa di divorzio fra Silvio Berlusconi e sua moglie Veronica Lario, al secolo Miriam Bartolini, tutela gli interessi patrimoniali del Cavaliere. E fra i vari incarichi societari da lei ricoperti c'è quello di consigliere di amministrazione della berlusconiana Mondadori. Ma è anche, ciò che più importa in questo frangente, segretario del patto di sindacato di Mediobanca: e in virtù di questo suo ruolo, custode della presunta lettera.

Il pezzo di carta viene in effetti sequestrato nel suo ufficio. Ma le firme a quanto pare non ci sono.

Al massimo qualche scarabocchio, una macchia d'inchiostro... L'amministratore delegato di piazzetta Cuccia sostiene di non aver mai sottoscritto alcun accordo del genere. La sua versione è affidata a una nota del 1° agosto nella quale afferma di aver «siglato» il 17 maggio 2012, «esclusivamente per presa di conoscenza» e «su richiesta di Jonella Ligresti», «la fotocopia di un foglio di carta dalla stessa manoscritto che riportava un elenco di *desiderata* della famiglia Ligresti». Per Nagel si tratta «di richieste in parte note e non destinate a Mediobanca, che non è parte di alcun accordo con la famiglia in questione, né quindi impegnative per l'istituto». Ci sono soltanto, in tutta questa vicenda, un paio di dettagli non secondari che tirano in ballo la banca d'affari. Perché si dà il caso che Premafin sia il quarto azionista di Mediobanca, dopo UniCredit, il finanziere francese Vincent Bolloré e la compagnia assicurativa transalpina Groupama; il primo, per la precisione, completamente italiano. Un particolare che difficilmente può lasciare indifferente il vertice di un istituto sempre spasmodicamente attento e sensibile al cambiamento degli equilibri di potere al proprio interno. Poi ci sono i soldi. Perché si dà il caso che Mediobanca, pur avendo chiuso i rubinetti nel 2008, sia esposta con il gruppo Ligresti, come risulta da un documento riservato rivelato da Massimo Mucchetti sul «Corriere» l'11 settembre 2012, per un miliardo e 123 milioni di euro. Ecco il dettaglio: «Settantatré milioni di crediti senior verso Premafin, la holding quotata del gruppo assicurativo; 900 milioni di prestiti subordinati, dei quali 250 perpetui, verso Fonsai; 150 milioni di prestiti subordinati verso Milano

Assicurazioni, dei quali 100 perpetui. In aggiunta, Mediobanca ha stipulato derivati per 53 milioni con Fonsai e partecipa per 63 milioni al finanziamento del fondo immobiliare Tikal, gestito dalla Sai sgr».

Settanta milioni nelle tasche dei figli

Quei «*desiderata*», come li chiama l'amministratore delegato della banca d'affari, vengono messi nero su bianco soltanto un mese e mezzo dopo che sono stati resi noti alla stampa gli ultimi terrificanti risultati di bilancio. Nel 2011 Fonsai ha perduto un miliardo e 30 milioni di euro. Nonostante ciò, ai dirigenti del gruppo sono stati distribuiti quasi 31 milioni. «La parte del leone», scrive il 2 aprile 2012 l'Ansa, tocca all'ex amministratore delegato Fausto Marchionni, che si è dimesso all'inizio dell'anno. Intasca 11,4 milioni. Cifra che comprende una sontuosa buonuscita oltre a un mese di stipendio da direttore generale, quello di gennaio 2011 precedente alle dimissioni: 626.000 euro. Più di 20.000 euro al giorno.

Ai soli figli di Ligresti vanno 5 milioni e mezzo: 2,5 a Jonella e 2,14 a Paolo Gioacchino, rispettivamente presidente e vice, mentre l'ex vicepresidente Giulia Maria si deve accontentare di 837.000 euro. Una miseria, rispetto ai fratelli. La quale potrà però sommare il compenso da presidente di Premafin, che l'anno precedente ha raggiunto 2,12 milioni. Dal 2005 al 2011, dice la relazione del collegio sindacale di cui abbiamo ampiamente parlato, Jonella, Paolo Gioacchino e Giulia Maria hanno intascato 70 milioni. Settanta milioni.

Poche storie meglio di questa ci spiegano perché l'Italia si è fermata. Non è solo colpa di una burocrazia costosa e inefficiente, di una spesa pubblica improduttiva e spaventosa, di politici mediocri. È anche responsabilità di una classe dirigente imprenditoriale e finanziaria priva di orizzonti, sempre più ripiegata su obiettivi speculativi di breve periodo, senza una visione di spessore del proprio ruolo nel Paese. C'entra l'intreccio fra interessi personali e manovre finanziarie concepite nelle segrete stanze, con metodi sempre opachi, di cui finiscono per fare le spese il mercato e i risparmiatori. C'entrano le connivenze di chi dovrebbe controllare che questo non accada, ma preferisce girarsi dall'altra parte: salvo intervenire quando ormai la stalla è vuota. C'entrano i meccanismi di selezione della classe dirigente privata, che premiano familiari e amici indipendentemente da meriti e capacità. C'entra una concezione distorta dell'impresa, come proprietà di cui può disporre a piacimento chi detiene la maggioranza (talvolta nemmeno assoluta) del capitale: alla faccia tanto dei soci di minoranza, quanto del pensionato che compra le azioni in Borsa.

Concezione assolutamente incompatibile con le regole del capitalismo evoluto e moderno. Una prova? Nell'estate del 2010, dopo tre anni trascorsi nel penitenziario federale di Coleman, in Florida, Conrad Black si è visto finalmente concedere dalla Corte d'appello di Chicago la libertà su cauzione (2 milioni di dollari) in attesa del processo d'appello. L'azionista di maggioranza del gruppo Holliger International, editore di giornali come il «Daily Telegraph», aveva subito nel 2007 una condanna a sei anni e mezzo per frode e ostruzionismo nei confronti della giustizia, dopo le accuse verso di lui mosse dalla Sec, l'ente federale statunitense che vigila sulla Borsa. Aveva utilizzato per spese personali, secondo quanto hanno potuto verificare gli ispettori della Consob americana, ingenti somme di denaro dell'azienda. Oltre a subire l'onta del carcere, Black ha dovuto restituire alla sua società 6,1 milioni di dollari e pagare una multa di 125.000 dollari. Tra le accuse c'era quella di aver utilizzato l'aereo aziendale per andare in vacanza a Bora Bora con la moglie Barbara. Leggendo la sentenza, il giudice della Corte distrettuale di Chicago, Amy St. Eve, non gli ha risparmiato questa ramanzina: «Francamente non capisco come una persona della sua statura, al vertice di un colosso editoriale, possa aver tenuto una condotta di questo genere. Lei ha violato i suoi doveri verso i soci».

Il caso Black dimostra che nemmeno gli Stati Uniti sono immuni da certe malattie. Ma pure che in questi casi lì si interviene con durezza e tempestività. Rispetto a quello che succede oggi nel nostro Paese, un abisso.

Non era certamente questo il capitalismo che per l'Italia aveva in mente lo storico fondatore di Mediobanca Enrico Cuccia, stipendiato fino alla fine come un funzionario di banca, che quando è morto, dopo aver orchestrato per decenni i destini del capitalismo italiano, ha lasciato in eredità ai figli l'equivalente di un milione di euro: meno della metà di quanto Jonella Ligresti guadagna in sei mesi.

Ed è certo che quella sua celebre frase spesso citata come sinonimo di spregiudicatezza, «Le azioni si pesano, non si contano», non mirava ad alimentare esclusivamente gli arricchimenti personali dei soci di riferimento delle aziende quotate in Borsa. Resta il fatto che senza Cuccia ben difficilmente Salvatore Ligresti avrebbe fatto tutta questa strada. Cominciando dalla scalata alla Società assicuratrice industriale, compagnia appartenuta agli Agnelli e poi rilevata da Raffaele Ursini, il patron della Liquigas. Una conquista avvenuta nel segno del suo paese natale.

Tre amici da Paternò

Ursini ha ereditato l'azienda chimica da Michelangelo Virgillito, piegato dal crac della Lanerossi. Qualcuno sussurra che sotto sotto sia una specie di eredità familiare, se è vera la maldicenza secondo cui il primo sarebbe il figlio naturale del secondo. Virgillito è un siciliano di Paternò che s'inventa il mestiere di finanziere d'assalto. Negli anni Cinquanta e Sessanta imperversa nella Borsa valori di Milano mettendo a segno colpi sensazionali. Prova addirittura con la Pirelli, poi con l'Assicuratrice italiana di Carlo Pesenti. Finché riesce a mettere le mani sulla Lanerossi e sulla Liquigas: nell'impresa lo sostiene un avvocato siciliano, anch'egli originario di Paternò. Il suo nome, Antonino La Russa. «Capo degli universitari del Guf, segretario del Fascio a 22 anni nel suo paese, volontario nella guerra mondiale, fondatore del Msi in Sicilia, federazione di Catania. Fascista fascista. Ha fatto il deputato per sei legislature. Ha smesso quando mi sono candidato io»: ecco la descrizione che ne ha fatto un giorno suo figlio Ignazio La Russa.

All'apice del successo, Virgillito ha conosciuto anche un terzo compaesano di Paternò: Ligresti. Gli insegna tutti i trucchi del raider perfetto appresi in anni e anni di scorribande borsistiche. E quando si presenta l'occasione, il giovane Salvatore non se la fa sfuggire. Ursini si è rivelato, se possibile, ancora più spregiudicato del suo presunto padre naturale, e grazie a connivenze politiche costruisce quello che Claudio Rinaldi ha definito «un impero chimico fondato su una spaventosa massa di debiti e tragicamente privo di qualsiasi prospettiva di redditività». Così, dopo aver attinto abbondantemente ai fondi pubblici della Cassa del Mezzogiorno, anche lui finisce inevitabilmente travolto. Salta sullo scandalo Italcasse come avesse calpestato una mina e il suo impero viene smembrato. In agguato c'è Ligresti. Il quale, scrive Giancarlo Perna sul «Giornale», «a passi felpati prese il posto di Ursini, come Ursini aveva sostituito Virgillito. Nell'ombra, stella fissa, il solito La Russa». La Liquigas va all'Eni, la Sai a Ligresti. Antonino La Russa ne diventa vicepresidente: carica che conserverà per ben tredici anni. Da allora, come vedremo, i Ligresti e i La Russa saranno inseparabili.

Sotto l'ala di Cuccia. E di Craxi

In quegli anni Settanta non si muove foglia, nella finanza italiana, che Cuccia non voglia. E Ligresti finisce sotto la sua ala protettiva. C'è chi ha sostenuto che il rapporto fra i due sia stato cementato anche dalle comuni origini siciliane. Fatto sta che

Ligresti non esce mai dal solco tracciato da Cuccia. Ovunque i disegni di Mediobanca prevedono una sua presenza, lui c'è. «Mister cinque per cento», così ormai lo chiamano, spunta nella cassaforte di Carlo De Benedetti (la Cofide), nella Ferruzzi finanziaria, nella Italmobiliare della famiglia Pesenti. Fa capolino perfino nella misteriosa finanziaria lussemburghese Euralux riconducibile alla finanziaria francese Lazard, che custodisce un pacchetto strategico di azioni delle assicurazioni Generali. Se poi un giorno viene accolto anche nel consiglio di amministrazione di Mediobanca, allora vuol dire che da quel «sopralzo» costruito nel 1962, grazie al quale si mette in tasca i primi 35 milioni, di acqua sotto i ponti ne è passata veramente tanta.

Il giovanotto di Paternò che all'inizio degli anni Sessanta «gironzolava per Milano» in cerca di affari, come ha ricordato sul «Corriere» Sergio Bocconi, adesso è uno degli uomini più potenti del Paese. Se ne ha la riprova in uno dei momenti per lui senz'altro più complicati. Il 28 ottobre del 1992, durante l'assemblea di Mediobanca, quando un piccolo azionista alza la mano e domanda perché Ligresti, che i giudici di Mani pulite hanno fatto arrestare per l'inchiesta sulle tangenti alla metropolitana milanese, sia ancora consigliere, l'amministratore delegato Alberto Maranghi risponde palesemente infastidito: «Salvatore Ligresti è nel consiglio di amministrazione in rappresentanza della Sai e il suo mandato non è in scadenza. Non vogliamo trasformare questa assemblea in un tribunale».

Altri preferiscono dire che l'uomo d'affari siciliano non avrebbe fatto tutta questa strada se non avesse conosciuto Bettino Craxi. E la cosa in parte è vera: negli anni ruggenti, durante i quali si sviluppano i grandi affari immobiliari del siciliano di Paternò, il punto di riferimento politico è il segretario socialista. Non potrebbe nemmeno essere diversamente. Sono gli anni in cui nella Milano da bere si alternano sindaci socialisti e Ligresti è immerso fino al collo negli affari immobiliari. Nel 1987 a Palazzo Marino arriva perfino il cognato di Craxi, Paolo Pillitteri. Ligresti è il principale azionista della Grassetto, impresa di costruzioni quotata in Borsa. Per dire quanto sia ammanicata, entra nel grande giro dell'alta velocità ferroviaria. Proprio nel consorzio capeggiato dalla Montedison che dovrebbe realizzare il tratto fra Milano e Genova.

Cemento, mattoni e Pulcini

Insomma, Ligresti è sulla cresta dell'onda. Miete appalti dappertutto. Si spinge fino alle porte di Roma, fino ad allora esclusiva riserva di caccia dei palazzinari legati alla Democrazia cristiana. Succede quasi per caso. C'è una grande area, a Roma, fra l'Eur e il mare, che da tempo fa gola ad Antonio Pulcini. È uno sconosciuto immobiliarista messo all'indice dal settimanale «Epoca» a causa di una clamorosa speculazione edilizia in Sardegna: il complesso immobiliare di Poltu Quatu. Un'operazione che ha certamente scatenato le ire degli ambientalisti, rafforzando però il rapporto fra Pulcini e il mondo dei vip.

Quei terreni nella periferia romana sono agricoli. La proprietà è della Federconsorzi, che già non naviga in acque tranquille. Pulcini si offre di comprarli, ovviamente non per piantarci i carciofi. Lo scopo è trasformarli in area edificabile, per realizzare un grosso progetto immobiliare. Ma la cosa non è semplice. È a questo punto che salta fuori un'altra offerta: quella di Ligresti. Dopo un appassionante tira e molla, va a finire che i due si accordano per fare insieme l'operazione. Probabilmente grazie anche ai buoni uffici di un signore oggi titolare di una delle più sterminate proprietà immobiliari romane fra cui anche il teatro Sistina. Tommaso Addario ha sposato Anna Morelli, esponente della famiglia che ha venduto l'impresa di costruzioni Vianini a Francesco Gaetano Caltagirone. Qualcuno se lo ricorda perché era il vicedirettore generale dell'Italcasse, l'istituto centrale delle Casse di risparmio, regno del democristiano Giuseppe Arcaini, travolto nel 1977 da un clamoroso scandalo dei finanziamenti illeciti a imprenditori e partiti. Ma Addario non si occupa più di banche. Oltre a gestire un patrimonio immenso, è vicepresidente della Sai di Ligresti. Ha pure un posto nel consiglio di amministrazione della Serfin, società dell'Eni, il gruppo petrolifero pubblico sotto controllo socialista, e in quello di Paleocapa, holding che insieme al gruppo Ferruzzi controlla la compagnia di assicurazioni Fondiaria, destinata in un futuro nemmeno troppo lontano a confluire nella Sai.

L'avventura romana si rivela lunga e complicata: c'è di mezzo anche il crac del Banco di Napoli, che con la garanzia di quella operazione immobiliare alle porte di Roma ha prestato a Pulcini centinaia di miliardi. Per non parlare di quelli che ha dato a Ligresti. Ma le costruzioni sorgeranno, eccome. Milletrecento appartamenti che saranno regolarizzati, manco a dirlo, con il condono edilizio. A quell'epoca però Ligresti non c'entra più: è fuori da tempo. All'inizio degli anni Novanta scoppia la grana di Tangentopoli, che non risparmia la Grassetto. I debiti fanno il resto e lui è alle corde. Ma si apre il paracadute di Cuccia. Ligresti vende la Grassetto a Marcellino Gavio e con le proprietà immobiliari sistema le pendenze. Salvando la Sai. E pensare che qualcuno l'aveva già dato per finito, per di più avendo egli passato quattro mesi in carcere.

Bettino o Ignazio?

A San Vittore ce lo spedisce il pool milanese di Mani pulite che indaga sulle tangenti pagate per un accordo fra l'Eni di Gabriele Cagliari e la Sai: vicenda dalla quale l'ingegnere siciliano uscirà con una condanna a due anni e quattro mesi. Una faccenda, quell'accordo, che a quanto pare interessa non soltanto al Partito socialista, allora *dominus* della compagnia petrolifera statale, ma anche alla Democrazia cristiana. È lo stesso Ligresti a raccontare ai giudici che deve far ricorso all'amico Craxi per dribblare le richieste della Dc: «Io mi recai da Craxi con piena fiducia. Sapevo che era persona che poteva esercitare influenza su Cagliari, era mio amico da anni e inoltre era un importante uomo politico. Per questo mi rivolsi a Craxi per capire se fosse proprio necessario sottostare all'imposizione di Citaristi [l'ex segretario amministrativo democristiano, NdA] e per cercare di evitare il pagamento di una somma di denaro per concludere l'operazione con l'Eni».

Il sodalizio con Craxi è certamente profondo. Ma forse non gli risparmia una spiacevole stilettata con una intervista a un giornale spagnolo. A novembre del 1994 il processo Enimont, nel quale Ligresti è imputato, è in pieno svolgimento. Craxi è ad Hammamet, dov'è riparato nella primavera, pochi giorni prima che i magistrati decidano di ritirargli il passaporto per scongiurare il pericolo della sua fuga. A Palazzo Chigi c'è un altro suo caro amico, Silvio Berlusconi, che governa con i postfascisti. Ignazio La Russa è vicepresidente della Camera, e il segretario socialista non scorda il lancio di monetine che lo accoglie il 30 aprile del 1993 all'uscita dall'hotel Raphael a Roma. Nel gruppo urlante che gli tira addosso gli spiccioli c'è un giovane missino di Anagni, che vent'anni dopo, con molti chili in più, diventerà un «supereroe» della Casta: Franco «Er Batman» Fiorito, consigliere regionale del Lazio travolto dallo scandalo dei fondi pubblici sperperati in cene e auto di lusso. L'episodio che certifica la fine della sua carriera politica ha tutto il sapore di una cosa organizzata a tavolino da quelli del Movimento sociale. Non è un caso che, mentre a Roma stanno per piovere le monetine, a Milano i missini di La Russa, allora segretario regionale del partito, sono in piazza a protestare contro il voto della Camera che ha negato l'autorizzazione a procedere contro il segretario del Psi. Il consigliere comunale Riccardo De Corato si ammanetta davanti al portone dello studio di Craxi, in piazza Duomo.

Così, quando in quel novembre del 1994 il giornalista del quotidiano spagnolo «El Mundo» chiede al segretario socialista se i finanziamenti illeciti arrivavano anche ai missini, non gli sembra vero. E come suo solito scandisce bene le parole: «Il Msi era una forza politica confinata in un ghetto e penso che non disponeva di grandi risorse e che tutte fossero legali. Non metto la mano sul fuoco, ma non posso accusarli di cose che non conosco. Forse solo in certi casi: per esempio Ignazio La Russa a Milano, che adesso si dà le arie del moralizzatore, e che è stato notoriamente finanziato dal gruppo Ligresti».

E La Russa: «Non so se lo querelo, ma se l'incontro lo riempio di sberle. Sfido chiunque a dimostrare anche lontanamente che nel corso della mia carriera politica abbia avuto rapporti di qualsiasi natura con Ligresti o abbia mosso un dito in favore di questo finanziere. Forse a Craxi non va giù che siamo nati nella stessa città, Paternò, e che tra la mia famiglia e Ligresti in passato ci siano stati dei rapporti di amicizia e lavoro. È noto a tutti che mio padre è stato per anni vicepresidente della Sai, ma ciò che significa?».

La Russa forever

Il tempo guarisce qualunque ferita. Ecco dunque, a distanza di quindici anni, il ministro della Difesa La Russa affermare che Craxi, pur capo di «un partito molto discusso [...], è stato uno statista modernizzatore e innovatore», tanto da meritare il nome su una targa di un parco a Milano. Quanto ai rapporti della sua famiglia con Ligresti, quelli non hanno mai avuto la minima flessione. Il senatore Antonino La Russa, padre di Ignazio, ha avuto incarichi nel gruppo vita natural durante: vicepresidente della Sai, della Richard Ginori e della Atahotels; quindi presidente della Sai agricola e consigliere di Premafin. Il fratello di Ignazio, Vincenzo, è stato consigliere della Sai. E ben retribuito, a giudicare dal rapporto del collegio sindacale secondo cui avrebbe incassato dal 2005 qualcosa come 3,2 milioni. Ancora nel 2011 il consigliere Vincenzo La Russa ha percepito compensi per 561.000 euro «grazie a consulenze per 466.000 euro», come ha reso noto l'Ansa. Nell'aprile del 2010 il primo dei tre figli di Ignazio, Antonino Geronimo, viene cooptato nel consiglio di amministrazione di Premafin: il famoso rapporto dei sindaci revisori calcola in circa un milione di euro i suoi compensi.

Rapporti «di lavoro» tanto intensi fatalmente superano i puri confini professionali. Capita così che l'ex ministro della Difesa abbia una propria società insieme ai due fratelli Emilia e Romano. Si chiama In.cos.a., che sta per Iniziative costruzioni appalti. E chi l'amministra? L'ottantaquattrenne Giancarlo Mantovani, uomo legato al gruppo Ligresti. Presidente del collegio sindacale della Sai finanziaria, della Sai agricola e della Sai servizi tecnologici, è stato anche revisore della Atahotels e della Fonsai.

Il fedele Milone

Ma succede pure che al ministero La Russa si scelga come fedelissimo capo della sua segreteria, per tre anni, un certo Filippo Milone. E che lo stesso ministro, una volta caduto il governo Berlusconi di cui fa parte, caldeggi la nomina di costui a sottosegretario della Difesa del successivo governo di Mario Monti. Chi è Milone? Negli anni ruggenti del tramonto della Prima Repubblica gestisce la Grassetto di Ligresti. E s'immola. A partire dal tintinnìo delle manette fino ai processi per corruzione subisce tutte le traversie di quella stagione di Tangentopoli. Da Messina a Napoli, ad Asti, a Padova. Sperimentando, a seconda dei casi, praticamente ogni brivido che la ruota della giustizia sa offrire: la prescrizione, l'assoluzione in secondo grado, la condanna definitiva con lo zuccherino della «riabilitazione». Per non farsi mancare proprio nulla, nel 1995 arriva a mettere su con il futuro capo di una nuova Dc, Giuseppe Pizza (poi ritrovato nel 2008 al governo Berlusconi come sottosegretario all'Istruzione), una ditta di impianti elettrici. Che però dopo qualche anno va per aria.

Ligresti, si sa, non abbandona gli amici. In più, Milone ha anche radici siciliane. Così, dopo la fusione fra Fondiaria e Sai, quando l'ingegnere siciliano si getta nuovamente nel rutilante mondo degli affari immobiliari, Milone è di nuovo con lui. Il fatto è che Ligresti ha individuato un nuovo succulento bacino d'affari: i progetti di valorizzazione degli immobili di Fintecna, la holding del Tesoro. Guarda caso, un soggetto pubblico. Riesce a infilarsi in ben quattro di queste operazioni, come Alfiere spa, dove Milone occupa un posto nel consiglio di amministrazione. È la società che Fintecna ha al 50 per cento assieme ad alcuni privati riuniti nella Progetto Alfiere spa. Sono la Lamaro appalti della famiglia Toti, la Astrim di Alfio Marchini, il fondo immobiliare Fimit già guidato da Massimo Caputi, la Tecnimont, la immobiliare Fondiaria-Sai di Salvatore Ligresti e la Eurospazio, i cui azionisti sono custoditi in due fiduciarie. Alfiere è l'impresa che dovrebbe realizzare un massiccio investimento immobiliare a Roma, con la trasformazione di tre torri alte 62 metri e di altri edifici al quartiere Eur, dove un tempo c'era il ministero delle Finanze, su progetto di Renzo Piano. Un'operazione appetitosa, che prevede fra l'altro la realizzazione di locali commerciali e ben 350 appartamenti. Nel consiglio di amministrazione della società pubblico-privata, per conto di Ligresti, c'è il futuro sottosegretario Milone. Il quale, al momento della nomina governativa, ricopre ancora un paio di cariche nel gruppo Fonsai, fra cui la presidenza della immobiliare Quintogest.

Ma la fonte delle polemiche che investono Milone subito dopo il suo ingresso nel governo Monti non è questa. La nomina scatta qualche giorno dopo la pubblicazione di una intercettazione telefonica fra i manager di Finmeccanica Lorenzo Borgogni e Marco Forlani (costui incidentalmente figlio dell'ex segretario Dc Arnaldo Forlani). Eccone un frammento. Marco: «Senti, mi ha chiamato Filippo eh, che dice su... su quel discorso che facciamo ogni anno della loro offerta di partito a Milano eccetera...». Borgogni: «Di partito? Del ministero!». Marco: «... Credo sia una cosa del Pdl, no? Dice che te ne ha parlato a te pure». Il giorno seguente, al giuramento dei sottosegretari, Fiorenza Sarzanini riferisce sul «Corriere» che «durante l'interrogatorio di fronte al pm Paolo Ielo a Borgogni è stato chiesto di chiarire a che titolo avrebbe versato soldi a Filippo Milone, ex capo della segreteria di La Russa». E non c'è dubbio che qui, al di là di una vicenda tutta da appurare, si apra una seria questione di opportunità. Tanto più in considerazione del fatto che lo stesso Milone è anche consigliere di amministrazione dell'Ansaldo Sts che, pur non essendo un'azienda militare, è tuttavia una società del gruppo Finmeccanica, controllato dal Tesoro nonché principale fornitore del ministero della Difesa.

Categorica è la reazione di La Russa: «La sua fedina penale è immacolata». E Milone scrive al «Corriere», che ha innescato la polemica circa l'opportunità della nomina: «Sono considerato un tecnico, in ragione dell'attività da me svolta nel corso dell'ultimo triennio presso il ministero della Difesa e che ha riscosso unanime apprezzamento da parte della struttura. La mia professionalità, maturata nel mondo dell'impresa, mi ha visto in ruoli di grande responsabilità come la presidenza della Grassetto Costruzioni di Padova. Malgrado la delicatezza degli incarichi ricoperti, la mia situazione giudiziaria è limpida come attestato dal certificato penale e da quello dei carichi pendenti che riportano entrambi la dizione: "nulla". Com'è doveroso, al pari di ogni altro componente del governo, ho immediatamente avviato le pratiche di dimissioni da qualunque incarico professionale». E ci mancherebbe altro.

Il biografo del segretario

Soltanto la morte di Massimo Pini, avvenuta il 6 agosto 2012, invece, interrompe un altro sodalizio ben più carico di significati. «Fu uno dei pochi socialisti che, invece di accasarsi con Berlusconi», rievoca il 20 novembre 2006 sulla «Repubblica» Alberto Statera, «si buttò con Alleanza nazionale, con cui si candidò senza successo nel 2001, a differenza di sua moglie Margherita Boniver, nominata dal Cavaliere sottosegretario agli Esteri. Scelta strategica quella di Pini. Nel 1999 l'ex potente craxiano, che Prodi ai tempi dell'Iri considerava il suo "principale avversario", si acconcia a fare, accanto a don Pierino Gelmini, il consigliere di Silvano Moffa. Moffa chi? Il presidente della Provincia di Roma, di An. Poi, insieme a Gennaro Malgieri e Giulio Rapetti, il Mogol paroliere di Battisti, diventa consigliere di Gasparri al ministero delle Comunicazioni e riemerge, sponsorizzato da Giulio Tremonti, nel consiglio di amministrazione della Finmeccanica e nella Fondiaria-Sai, dove Ligresti lo nomina vicepresidente». Per Pini è una specie di seconda vita che ha tutto il sapore del contrappasso: ritrovarsi nel ventre profondo della creatura di Enrico Cuccia. Proprio colui che era stato (definizione ancora di Statera) «nemico ancestrale» di Craxi. Quando il segretario del Psi è all'apice del potere e guida il partito, accusa il suo più fiero avversario interno Riccardo Lombardi, «con i criteri del Führerprinzip», Massimo Pini è uno dei tasselli fondamentali del suo sistema di potere. Ha un compito importantissimo: difendere gli interessi craxiani all'Iri. Lo svolge con estrema diligenza, fino all'ultimo istante. Come già aveva fatto tanti anni prima, quando era stato paracadutato nel consiglio di amministrazione della Rai.

Pini fa parte a pieno titolo del cerchio magico.

Ruota nell'orbita più vicina al capo. È uno di quelli che cenano con lui parlando di politica all'hotel Raphael del suo amico e sodale Spartaco Vannoni, come Pini ricorda fra i tanti episodi citati nelle 737 pagine del libro *Craxi* che nel 2006 gli pubblica la Mondadori di Silvio Berlusconi. Un'agiografia monumentale, che contiene anche una versione dell'ostinata latitanza tunisina dell'ex segretario socialista. «Era convinto che in Italia lo avrebbero gettato in un carcere in modo umiliante. E prima o poi gli avrebbero somministrato una tazzina di caffè. Nelle loro mani, diceva, sarò assassinato.» Versione di parte, ovviamente. Raccolta, ha spiegato Marco Nese sul «Corriere», durante una delle tante visite alla villa di Hammamet, dove Pini era ospite fisso. Per l'ex segretario del Psi nutre un sentimento di autentica venerazione. Accanto al cancello della sua casa di campagna c'è questa targa: «Lo statista Bettino Craxi fu ospite in questa casa 1973-1992».

A Pini, Don Salvatore affida ogni genere di incarichi. Dalla Milano Assicurazioni alla Fondiaria-Sai, all'Immobiliare Lombarda, alla Rcs, alla Gemina... I revisori della Fonsai appurano che in sei anni l'ex manager dell'Iri a cui i Ligresti, per usare un'espressione dell'Ansa, «hanno da sempre delegato i rapporti con le istituzioni e la politica», intasca compensi per quasi 6 milioni di euro.

Ma una cosa certamente non si può rimproverare a Don Salvatore: la mancanza di generosità verso chi ha bisogno. Indipendentemente dalla fede politica. Prendete Graziano Cioni, ex pluriassessore Pci, ex deputato Pds e senatore Ds, di professione assicuratore, noto alle cronache come lo «sceriffo» autore delle ordinanze contro i lavavetri ai semafori del comune di Firenze. Nel 2008 finisce nei guai giudiziari per la trasformazione urbanistica, da terreni agricoli ad aree edificabili, di 168 ettari di proprietà di Fondiaria-Sai nella periferia fiorentina. Durante l'inchiesta che dà luogo al procedimento, non ancora concluso mentre questo libro va in stampa, salta fuori anche un dettaglio personale: Cioni ha chiesto per il figlio Emiliano, che è alla ricerca di un lavoro, un posticino alla Fondiaria. E a quanto pare l'ha anche ottenuto. Ai giudici suona male. Lo sceriffo ammette, ma fa spallucce: «Se si trova un'occasione per lavorare, ad un figlio è una cosa che si fa». Così fan tutti...

5

Il campione del bluff

Parabola di Rossignolo,
da Telecom al crac De Tomaso

Raccontano che viaggiava con una Rolls-Royce decappottabile. E non è che a Vignale Monferrato, paese di mille anime a una trentina di chilometri da Alessandria, se ne vedessero in giro molte. Ma Gian Mario Rossignolo non è mai stato il tipo da passare inosservato.

Per vent'anni è stato dirigente della Fiat, dove era considerato il braccio destro di Umberto Agnelli, fino a diventare presidente della Lancia. Poi, rivelatasi impossibile la coabitazione con Cesare Romiti, l'emigrazione alla Riv, un'azienda di cuscinetti a sfera fondata nel 1906 da Giovanni Agnelli senior insieme al produttore di biciclette Roberto Incerti. Per ritrovarsi in seguito a capo della Zanussi e di Telecom Italia. E finire un giorno di luglio del 2012, alla rispettabile età di 82 anni, agli arresti domiciliari in una villa sulle colline di Moncalieri. Sua.

Ma non sarà ricordato soltanto per la lunga e scandalosamente fortunata carriera manageriale. Né per l'ultima sciagurata avventura di cui parleremo in queste pagine. Il nome di Rossignolo è legato indissolubilmente a una frase. Una frase sfrontata, che segna l'inizio della sua parabola discendente. Una frase improvvida, che gli scappa poche ore dopo essere stato nominato all'apice della più grande azienda ex pubblica italiana, il gigante dei telefoni. «*I am a very powerful executive chairman*», dice al giornalista del «Financial Times» che lo intervista, lasciandolo di stucco. Lui e molti di quelli che il giorno dopo leggono questa dichiarazione.

Perché una sola cosa è chiara e cristallina: il «potentissimo presidente esecutivo» di Telecom Italia è seduto su quella poltrona per un caso che capita una volta su un milione.

Ricordiamo l'antefatto. Nel 1996 arriva alla presidenza del Consiglio Romano Prodi. Al ministero del Tesoro c'è Carlo Azeglio Ciampi. L'ex governatore della Banca d'Italia ha compiuto 75 anni e si trova lì per spirito di servizio. In tanti gli hanno chiesto di candidarsi al Parlamento con l'Ulivo, ricevendo sempre la stessa risposta: «No». La sua motivazione è categorica: «La Banca d'Italia non può diventare un trampolino per la politica». Impossibile non cogliere in queste parole un riferimento alla scelta fatta dall'ex direttore generale della banca centrale Lamberto Dini, ex ministro del Tesoro nel governo di Silvio Berlusconi ed ex presidente del Consiglio, che ha appena fondato un suo partito con il quale si presenterà alle elezioni politiche nella coalizione vincente del centrosinistra.

Non ci sono altri, in Italia, che abbiano come Ciampi autorevolezza e credibilità internazionale per affrontare i falchi del Nord Europa, risolutamente contrari all'ingresso dell'Italia nella moneta unica. Una missione impossibile, che presuppone l'invio di qualche messaggio convincente in direzione delle cancellerie. Il segnale che l'Italia vuole aggredire il macigno del proprio debito pubblico accelerando le cessioni delle imprese pubbliche. Le banche dell'Iri sono state già messe sul mercato dai governi di Giuliano Amato e dello stesso Ciampi. E ora tocca ai telefoni di Stato: la madre di tutte le privatizzazioni.

Sappiamo come andrà a finire. Telecom Italia passerà di mano in mano consentendo a chi si avvicenderà nell'elenco degli azionisti di fare soldi a palate imbottendo l'azienda di debiti. Ma all'epoca si pensa solo a vendere, e più in fretta possibile. Da un paio d'anni il cosiddetto salotto buono del capitalismo italiano, quello che ha il proprio punto di riferimento nella Mediobanca di Enrico Cuccia, è in agitazione. I telefoni dell'Iri sono un bocconcino prelibato per quanti stanno già pensando alle privatizzazioni come l'occasione per liberarsi dal fardello poco redditizio delle attività manifatturiere e gettarsi a capofitto nel lucroso affare dei servizi pubblici. Da via Filodrammatici sono arrivate offerte per acquistare dalla holding statale l'intero pacchetto proprietario della Stet, la finanziaria che controlla l'azienda telefonica. Ma ogni volta le proposte vengono rispedite al mittente.

Si decide così di ripercorrere la stessa strada della privatizzazione della Comit, la cui gestione è stata affidata a un «nocciolo duro» di soci minoritari. Nel caso di Telecom Italia, un nocciolino microscopico. Con un paradosso incomprensibile. Perché lo Stato che ha sempre rigettato le avance di Mediobanca consente invece a chi è sempre stato sotto l'ala protettiva di Cuccia di prendere in mano il boccino dell'operazione: la famiglia Agnelli. All'Ifil è sufficiente un investimento di 350 miliardi di lire (200 milioni di euro di oggi). Con lo 0,6 per cento delle azioni la finanziaria presieduta da Umberto Agnelli diventa il perno di un nocciolino che si rivelerà assolutamente instabile. E qui ritorniamo a Gian Mario Rossignolo.

Un manager meteora da 18.000 euro al giorno

Fatto il nocciolino, si tratta di stabilire i manager. Chiusa l'epoca di Ernesto Pascale e Biagio Agnes, l'incarico di traghettare Telecom Italia verso il mondo privato tocca a Guido Rossi. Il quale, un mese dopo, si dimette. «Ora mi riposo», dichiara. Mentre Umberto Agnelli si rammarica: «Speravo che rimanesse». L'azienda è nelle mani di un amministratore delegato che si chiama Tomaso Tommasi di Vignano, nato e cresciuto in quella che una volta si chiamava la Sip. Al tempo delle partecipazioni statali l'avrebbero apostrofato come «boiardo», anche se non ha appiccicata addosso l'etichetta di un partito. Le dimissioni di Guido Rossi hanno liberato il posto da presidente, che va rimpiazzato al più presto per rassicurare i mercati, dove il titolo, dopo la privatizzazione, è partito a razzo. Si fa il nome di uno dei direttori generali, Vito Alfonso Gamberale. Che ha però un difetto nel pedigree: una macchiolina politica. Viene dalla nidiata socialista. All'Eni, qualche anno prima, aveva l'incarico di supportare (marcandolo però stretto) il presidente Gabriele Cagliari. E anche ai telefoni, nel 1991, arriva per designazione politica. Il nome di Gamberale per i vertici della Sip si materializza durante una vacanza di quattro giorni che il consigliere socialista dell'Iri Massimo Pini trascorre ad Hammamet, ospite di Bettino Craxi. Un altro «boiardo», insomma. Dopo sei anni, tuttavia, i risultati sono dalla sua. Le casse di Telecom sono piene di quattrini che arrivano dal business dei telefonini, che ha inventato lui. Il partito che lo ha nominato, inoltre, non esiste più: si è dissolto con Tangentopoli.

Ma questo non basta. Ad alcuni azionisti del nocciolino, che già faticano a digerire i precedenti di Gamberale, non va giù il fatto che qualche politico sia stato sollecitato per sostenere la candidatura. E lui è bruciato. Anche il cacciatore di teste, però, annaspa. Né risultato migliore dà un viaggio negli Stati Uniti del vicepresidente Pier Giusto Jaeger e dell'amministratore delegato di UniCredit Alessandro Profumo, alla ricerca di un candidato americano. Gli uomini di Torino si mettono di traverso. Il «*very powerful executive chiarman*» viene fuori così, praticamente dal nulla. Rossignolo non ha una esperienza specifica, che per le telecomunicazioni è essenziale. Dopo la Fiat, la Lancia e la Riv, si è occupato di elettrodomestici alla Zanussi. Ce l'ha messo Peter Wallenberg, il patron svedese della Electrolux che si è convinto, con i buoni uffici di Mediobanca, a comprare nel 1984 l'azienda di Pordenone ormai in debito d'ossigeno. I due si conoscono da tempo. Non fosse altro perché cinque anni prima la famiglia svedese ha acquistato dalla Fiat la fabbrica di cuscinetti a sfera Riv, dove Rossignolo è finito quando si è chiusa la sua parentesi alla Lancia. Il suo patrimonio più importante sono le conoscenze.

Umberto Agnelli lo tiene in palmo di mano. La famiglia Wallenberg gli è grata al punto che trent'anni dopo l'acquisto della Riv Rossignolo ha ancora a disposizione un ufficio con segretaria nella sede torinese della società ora di proprietà svedese. I giornali ne decantano l'amicizia con l'ex presidente della Banca nazionale del lavoro e poi ministro comunista, Nerio Nesi. Sottolineano la stima reciproca che alimenta il rapporto con il banchiere Luigi Arcuti. Rimarcano il clima idilliaco delle relazioni con Prodi.

Però a Telecom il Nostro si trova subito come un pesce fuor d'acqua. Dura da gennaio a ottobre: dieci mesi da incubo. La sintesi è in una giornata drammatica di settembre 1998, quando le azioni Telecom crollano dell'8,84 per cento, toccando il minimo dell'anno. Il risveglio dall'ubriacatura della privatizzazione, per il milione e mezzo di persone che avevano investito una parte dei loro risparmi in titoli della compagnia, è angosciante. Chi ha acquistato il lotto minimo è come se avesse perso quasi due milioni di lire. Segno inequivocabile che il mercato, dopo appena dieci mesi, ha messo una pietra sopra all'epoca del «*very powerful executive chairman*». Il 23 ottobre del 1998, quando si sparge la voce delle sue dimissioni, le quotazioni di Telecom in Borsa s'impennano del 5,8 per cento. I risparmiatori tirano un respiro di sollievo, ma la vicenda ha dimostrato che il nocciolino è fragilissimo. Basterà una debole spallata. La razza padana capitanata da Roberto Colaninno è già all'opera per preparare il takeover del secolo. Gli Agnelli si arrenderanno senza sparare un colpo. A convincerli saranno sufficienti i 702 miliardi di lire che gli scalatori pagheranno (con i soldi delle banche) per comprare il loro 0,6 per cento. Il doppio di quanto l'Ifil ha investito due anni prima.

Ma a Rossignolo, se possibile, va ancora meglio. Per dieci mesi di lavoro, culminati con un clamoroso crollo di Borsa, porta a casa poco meno di 10 miliardi di lire: 2 miliardi e 700 milioni di stipendio più 7 miliardi e 150 milioni di liquidazione. Quasi 33 milioni di lire al giorno, l'equivalente attuale di 18.000 euro.

«Rischiatutto» e il suo erede

Un fallimento simile pagato a peso d'oro dagli utenti avrebbe seppellito chiunque. Tranne uno come lui. Il 15 febbraio 2011, a ottant'anni suonati, viene immortalato dagli obiettivi nel cortile di Palazzo Chigi accanto a Gianni Letta che apre la portiera di un enorme Suv grigio. Ecco la cronaca dell'Ansa: «È stata presentata oggi a Palazzo Chigi al sottosegretario alla Presidenza del Consiglio Gianni Letta la nuova Sport Luxury Car (Slc), sigla utilizzata per indicare il nuovo crossover di lusso targato De Tomaso che verrà esposto in anteprima mondiale al Salone dell'auto di Ginevra. Si tratta della prima vettura che uscirà dagli stabilimenti produttivi di Grugliasco (Torino) dopo l'acquisizione il 31 dicembre 2009 da parte della De Tomaso, azienda guidata dall'imprenditore Gian Mario Rossignolo, di tutte le attrezzature dello stabilimento ex Pininfarina. La nuova De Tomaso Slc, il cui nome reale verrà svelato al Salone di Ginevra e che sarà commercializzata nel quarto trimestre del 2011, verrà prodotta anche negli stabilimenti ex Delphi di Livorno che Rossignolo aveva acquisito nei primi mesi del 2010. Il piano industriale della De Tomaso prevede la produzione a regime di 8000 vetture, di cui 3000 del nuovo crossover che verrà presentato a Ginevra, 3000 di una nuova limousine e 2000 di un nuovo coupé. Tali produzioni richiederanno, a regime, l'impiego di circa 900 addetti nello stabilimento ex Pininfarina di Grugliasco, dove saranno assemblate le scocche e saranno svolte le lavorazioni di verniciatura e finizione. È previsto anche l'impiego iniziale di 154 persone nello stabilimento ex Delphi di Livorno, dove saranno effettuate le lavorazioni meccaniche e di assemblaggio dei sottogruppi. Il piano prevede investimenti pari a 116 milioni di euro nei prossimi quattro anni per i tre modelli previsti. La De Tomaso è coinvolta anche nel rilancio di Termini Imerese. L'azienda infatti compare tra i sette progetti industriali inseriti nella short-list dall'advisor Invitalia. L'obiettivo di Rossignolo è quello di costruire a Termini nuove vetture di lusso che si andrebbero ad aggiungere alle tre già previste nel piano e che completerebbero la gamma. Si tratta di un mini Suv e di una citycar che, in sostanza, andrebbero a competere nei segmenti occupati dalla Bmw X1 e dalla Mini». Nientemeno.

Quella di Alejandro De Tomaso, detto «Rischiatutto», è una storia formidabile per spiegare quanto possa risultare labile, in questo Paese, il confine fra una certa «imprenditoria» e l'illusionismo. Suo padre Antonio è di Napoli, ed è uno dei tanti italiani che in

Argentina hanno fatto fortuna. Sposa una donna ricchissima, appartenente a una famiglia che possiede una fattoria di 120.000 ettari: per capirci, grande quanto tutto il comune di Roma, o l'intera provincia di Livorno. Da quel matrimonio allo sbarco in politica il passo è breve. E Antonio sale rapidamente tutti i gradini fino a diventare ministro dell'Agricoltura. Intanto il giovane Alejandro passa il tempo fra un timido impegno politico e le auto da corsa.

Dura finché al potere non arriva Juan Domingo Perón. Per i De Tomaso è il tracollo anche economico. Alejandro finisce addirittura in carcere e dopo aver partecipato a un tentativo di golpe per rovesciare il regime peronista deve scappare all'estero. La scelta non può che cadere sull'Italia: sia per le origini familiari, ma anche perché in quegli anni, dalle nostre parti, i piloti argentini sono gettonatissimi. Juan Manuel Fangio, anch'egli figlio di emigrati italiani, ha appena vinto il suo secondo campionato del mondo con la Mercedes davanti al ferrarista José González. Alejandro De Tomaso riesce a farsi ingaggiare dalla Maserati e, dopo qualche stagione senza infamia né lode, apre un'officina per auto da corsa. E la sua storia probabilmente si fermerebbe lì senza un colpo di fortuna. Un matrimonio, anche nel suo caso, coi fiocchi. Il fratello della sua seconda moglie (la prima è rimasta in Argentina con i tre figli avuti da lui) è a capo di una grande azienda americana che fornisce componenti alla Ford. L'officina diventa così una fabbrica di automobili sulle quali campeggia la stessa T che equipaggiava i glutei dei manzi di famiglia. Ma è solo l'inizio di un'avventura sempre più spericolata. De Tomaso mette le mani sulla

Innocenti, poi anche sulla Maserati, quindi su alcuni marchi storici dell'industria motociclistica come Benelli e Moto Guzzi. Rileva perfino la società cantieristica di Ravenna Callegari&Ghigi, naturalmente alla frutta.

Sono anni ruggenti, nei quali l'ex pilota italo-argentino mette in mostra capacità insospettabili nello spillare soldi pubblici. Dalle sue catene di montaggio escono autentiche mostruosità stilistiche come quella Mini che si commercia negli anni Ottanta. Per non parlare della Maserati biturbo, una macchina pensata per mettere alla frusta le vetture tedesche di categoria analoga, come le Bmw, che ha una fiammata iniziale. Ma poi si rivela un prodotto scadente: la qualità della componentistica e i difetti costruttivi non fanno onore alla storia del tridente modenese. Né va meglio con i modelli che la seguono.

Non è stato mai calcolato con esattezza quanti denari dei contribuenti abbia ingoiato l'avventura motoristica di De Tomaso, terminata nel 2004 con la liquidazione. Per avere tuttavia un'idea, basti la stima che fece nel 1992 Giuseppe Sarcina sul «Mondo»: attraverso la Gepi, società pubblica incaricata di intervenire nelle imprese in crisi, lo Stato italiano ha versato nella Maserati-Innocenti, prima del subentro del gruppo Fiat, l'equivalente di 411 miliardi di lire dell'epoca. Una somma pari a 350 milioni di euro attuali. Senza contare le perdite, al cui ripianamento il socio pubblico ha sempre partecipato, e la cassa integrazione. A Sarcina, che gli chiede conto dell'abbondante libagione di contributi statali, Alejandro De Tomaso replica: «Ho sempre gestito i soldi pubblici in modo esemplare, ineccepibile».

Che fine hanno fatto i soldi pubblici?

Vent'anni dopo, il 30 marzo 2012, Gianluca Rossignolo dà la medesima risposta ai giornalisti: «Tutti i finanziamenti pubblici sono regolarmente rendicontati, i soldi ricevuti sono stati utilizzati allo scopo per il quale erano stati concessi». Dichiarazione doverosa, dopo che si sono sparse le voci di un esposto presentato dal ministero dello Sviluppo economico per la presunta distrazione di fondi statali. Voci che il figlio dell'ottantaduenne Gian Mario rigetta sdegnosamente. Senza dire però quello che ormai è chiaro: l'epilogo è vicino.

Da tre anni i Rossignolo sono i nuovi proprietari della De Tomaso. L'ex «*very powerful executive chairman*» di Telecom Italia ha già tentato il colpo con la Bertone, ma gli è andata buca. Indomabile, pochi mesi dopo annuncia con un sorriso a trentadue denti ad Alessandra Puato del «Corriereconomia» un piano per produrre «auto di lusso con un partner della moda», portando l'esempio della Aston Martin, che in quel momento sembra interessare alla Louis Vuitton Moët Hennessy, la Lvmh di Bernard Arnault. Il prezzo di ogni modello, non inferiore ai 150.000 euro. Dice di essere in possesso di «brevetti di marchi storici», e che c'è una società già battezzata Grandi marchi italiani Europe spa, con un capitale di 15 milioni. Una società collocata «all'estero», ma che «sarà prestissimo a Livorno». In effetti Rossignolo sta acquisendo nella città toscana la piccola fabbrica, ormai decotta, Delphi, che produceva componenti per la General Motors: sono rimasti 154 dipendenti in cassa integrazione.

Dice di aver firmato un protocollo d'intesa con banche, Provincia, unione industriali e di essere pronto a ritornare sulla scena che conta, questa volta da industriale dell'auto, al Salone di Ginevra del 2009. Di vero c'è che oltre alla Delphi ha rilevato il marchio De Tomaso e presto si insedierà nello stabilimento Pininfarina di Grugliasco: lo affitta dalla Regione Piemonte che l'ha comprato per 14,4 milioni di euro. Quando la Fiat decide di abbandonare la fabbrica siciliana di Termini Imerese, si affaccia anche da quelle parti: «Siamo qui per spirito di servizio». Spiega che lì ha il progetto di investire 420 milioni per produrre una citycar e un mini Suv. Modelli che si andranno ad aggiungere a una vettura sportiva a due posti, che si chiamerà Pantera, a una limousine e a un crossover appena presentato a Ginevra per il quale ci sarebbero già «1500 ordini». È il 7 aprile del 2011, ma di tutta quella gamma automobilistica, al di là del prototipo portato a Palazzo Chigi e di quelli presentati a Ginevra, non se ne vedrà in giro nemmeno un esemplare. La vicenda siciliana non va in porto, come forse ha capito già in anticipo il segretario della Uilm, Rocco Palombella. «Difficilmente lo stabilimento di Termini Imerese tornerà alla produzione con un investitore come Rossignolo», profetizza.

Finale di commedia

La situazione della De Tomaso, intanto, si sta facendo difficile. Gli stipendi si pagano a singhiozzo. Quel 7 aprile, mentre a Roma Rossignolo tratta per

Termini Imerese, i sindacati escono da un incontro con l'azienda riferendo di aver saputo che c'è un accordo con un investitore indiano che avrebbe già sborsato 5 milioni, impegnandosi a versarne quanto prima altri 15. Ma è chiaramente una bufala.

Poi è la volta dei cinesi. Il 29 febbraio del 2012, reduci da un incontro al ministero, i Rossignolo annunciano che un partner cinese comprerà l'80 per cento della De Tomaso, impegnandosi a investire mezzo miliardo di euro. Il tempo però passa e dalla Cina nessun segnale. I sindacati sono sempre più agitati, anche perché gira la voce che il ministero abbia presentato un esposto sull'uso poco chiaro dei finanziamenti pubblici.

Il 30 marzo il figlio Gianluca Rossignolo dichiara: «Ci sono impegni scritti, aspettiamo che siano mantenuti. Non dipende da noi. Sembra che sia prassi delle aziende cinesi non essere puntuali sulle date. Ma non capisco chi abbia interesse ad alimentare un clima negativo contro di noi. Soffiare sul fuoco è da irresponsabili».

Il 16 aprile un operaio della De Tomaso, Giacomo Riccaldone, si incatena per protesta al cancello della casa di Rossignolo. Come i suoi colleghi, è senza stipendio da mesi. «Ci devono dire qualcosa sul nostro futuro, ma quello vero, non sulla carta. Perché di carte ne hanno già presentate tante.»

Se Riccaldone potesse leggerne una, di quelle carte, uscita tre giorni prima dall'assemblea degli azionisti, capirebbe che la sua protesta è senza speranza. È la relazione di bilancio del 2011, dove c'è scritto chiaro e tondo che il fantomatico cinese, del quale nessuno ha mai saputo il nome, si è squagliato. Di conseguenza, «è venuto meno il requisito della continuità aziendale non disponendo la società di idonee risorse finanziarie per il perseguimento della propria mission». A quel punto non resta che mettere in liquidazione il gruppo. Nel frattempo la De Tomaso targata Rossignolo ha incassato un bel po' di quattrini pubblici. Sei milioni e 200.000 euro dalla Regione Piemonte per un progetto di ricerca. Altri 7 milioni e 600.000 euro dal ministero del Lavoro come anticipo di un contributo a fondo perduto di 19,2 milioni per un progetto di formazione europea. E poi un milione e mezzo dalla Regione Toscana, sempre per la formazione professionale. In più ha ottenuto dal ministero del Lavoro che la cassa integrazione ai lavoratori venga pagata direttamente dall'Inps.

Va a vuoto anche l'ultimo disperato tentativo per restare a galla. Il 20 giugno 2012 l'assessore al Lavoro della Regione Piemonte, Claudia Porchietto, rende noto che la famiglia Rossignolo sarebbe disposta a tenere in vita l'azienda, ma vuole ancora 55 milioni di fondi pubblici. La richiesta viene respinta, e non c'è più tempo nemmeno per discutere. Il 5 luglio 2012 i tribunali di Livorno e Torino decretano il fallimento della De Tomaso.

Una vicenda penosa, che però non finisce qui. All'alba del 12 luglio 2012, esattamente una settimana dopo la sentenza di fallimento, le Fiamme Gialle si presentano a casa di Rossignolo con un ordine di cattura. La sua età gli evita le manette e il carcere, consentendogli di restare agli arresti domiciliari. L'accusa nei suoi confronti è di truffa nelle erogazioni pubbliche. I giudici sospettano che la De Tomaso avrebbe utilizzato i contributi statali destinati alla formazione del personale per tutt'altro. Un po' di soldi sarebbero finiti anche nelle tasche dei familiari e di un consulente di Bergamo che con una falsa fidejussione avrebbe contribuito a realizzare una «frode particolarmente sofisticata», secondo il pubblico ministero, ai danni del governo.

L'inchiesta è ancora aperta mentre questo libro va in stampa, e sarebbe ingeneroso trarre qualunque conclusione. Ma la morale dell'intera storia è invece cristallina. Alla lunga, il bluff si scopre sempre. Peccato soltanto che ne abbiano fatto le spese i contribuenti e i lavoratori. «*I am a very powerful executive chairman*»...

6

Arricchirsi è umano

Soldi e potere: sono le uniche regole della grande finanza

Fidarsi è bene. Ma non fidarsi è pure meglio. Con questo sacrosanto principio Giovanni Quaglia è installato dal 1994, se si eccettua un intervallo di quattro anni, alla vicepresidenza della Fondazione Cassa di risparmio di Torino. È uno dei maggiori azionisti di UniCredit, la principale banca italiana, fra le più importanti d'Europa. L'occasione gli si offre su un piatto d'argento quando la Provincia di Cuneo deve scegliere il candidato per occupare il posto che le spetta di diritto nel consiglio di amministrazione di quell'ente. E chi indica la Provincia come proprio rappresentante? Il presidente della Provincia, *of course*: Giovanni Quaglia. Un autentico monumento per i democristiani cuneesi che guardano a sinistra. Passando dalla Dc al Partito popolare alla Margherita rimane al timone della giunta provinciale ininterrottamente per sedici anni, dal 1988 al 2004, dopo essere stato anche consigliere regionale. È un periodo durante il quale subisce un significativo impulso anche la sua carriera professionale, con incarichi in aziende pubbliche, banche, società di servizi, che scorrono paralleli alla carriera politica. Non senza rilevanti ricadute in seguito. Come per esempio la presidenza della Autostrada Torino-Savona del gruppo piemontese fondato da Marcellino Gavio: il che non gli impedisce di sedere contemporaneamente nel consiglio di amministrazione di Autostrade per l'Italia. Oppure l'incarico di presidente della finanziaria Ream sgr, collegata alla Fondazione Cassa di Torino. O, ancora, quello di presidente della Cogetech, una delle concessionarie dei Monopoli di Stato che gestisce giochi, scommesse, poker, slot-machine.

Difficile stabilire quanto abbia contribuito a trasformare un ex politico democristiano in una figura manageriale a tutto tondo quella vecchia «autonomina» che gli ha consentito di avere voce in capitolo fra gli azionisti di UniCredit: arrivando al punto di contribuire alla scelta del successore del presidente della banca Dieter Rampl. Anche se qualcosa da dire, almeno sullo stile, in effetti ci sarebbe. Sia nel suo caso, sia in quello fotocopia, ma ben più clamoroso, dell'ex presidente della Provincia di Alessandria, democristiano della stessa corrente di Quaglia.

La scalata del gigante di Tortona

Fino al 24 luglio del 1995 Fabrizio Palenzona è conosciuto oltre i confini provinciali soprattutto per la sua eccezionale stazza fisica. Di sicuro un colosso barbuto alto più di un metro e novanta per quasi due quintali di peso non passa inosservato, a maggior ragione in mezzo a grisaglie e doppiopetti. C'è chi dice che le dimensioni non contano e chi al contrario sostiene che in certe situazioni ci sia una bella differenza fra trovarsi davanti Primo Carnera o il professor Renato Brunetta. Fatto sta che quando la Provincia di Alessandria, al pari di quella di Cuneo, deve designare il proprio rappresentante nel consiglio della Fondazione Cassa di Torino, nessuno solleva obiezioni decisive circa il fatto che Palenzona scelga Palenzona.

C'è da chiedersi se avessero riflettuto sulle conseguenze del silenzio-assenso. Perché alla prima occasione il gigantesco presidente della Provincia di Alessandria comincia una inarrestabile scalata al potere. Lui non si limita a rivendicare genericamente «un ruolo per la politica con la P maiuscola», parole di Quaglia, nel nostro sistema bancario. Per poi magari accontentarsi, come il suo collega cuneese, di un «minuscolo» incarico da presidente della piccola Cassa di risparmio di Savigliano. Palenzona in banca c'entra con tutto il suo peso, senza lasciare fuori nemmeno un etto.

Nel 1999 viene nominato vicepresidente di UniCredit per conto della Fondazione Cassa di Torino, mentre è ancora presidente della Provincia in carica. Mette subito le mani avanti: «Non sono un politico, ma sono il presidente di una categoria di imprenditori, la Federazione degli autotrasportatori. Nella mia designazione alla vicepresidenza di UniCredit la politica non c'entra nulla». Proprio vero.

Se volete una prova vivente di come le grandi banche italiane siano ancora condizionate da un sistema autoreferenziale legato a filo doppio con la politica, eccola. Aclista, per un decennio sindaco democristiano di Tortona, regno di Marcellino Gavio, poi presidente della Provincia, esponente di spicco della Margherita (alle cui finanze contribuisce ancora nel 2004 con una donazione di 17.000 euro), Palenzona sale su una formidabile rampa di lancio verso la grande finanza. E mette in mostra abilità non comuni. Basta dire che nel 2001, mentre è alla guida della giunta provinciale alessandrina per il suo secondo mandato, fa ingresso nel consiglio di amministrazione di Mediobanca. Dove mai, prima di lui, un politico in carica (in carica!) aveva messo piede. E poi, sullo slancio, arrivano i posti ai vertici di Impregilo, Sisal, Gemina, Aeroporti di Roma, la holding della famiglia Benetton Schemaventotto... Incarichi ai quali va aggiunta la presidenza dell'Aiscat, potentissima associazione dei concessionari autostradali.

Profumo deve saltare

Quando Antonio Fazio finisce sotto tiro per le scalate bancarie dell'estate 2005, passate alla storia per la frase del raider Stefano Ricucci «Stamo a fa' i furbetti der quartierino...», il Nostro si prende la licenza di non seguire la linea del partito, che pretende le dimissioni del governatore della Banca d'Italia. Lo difende pubblicamente durante una puntata di *Porta a Porta*. Con tanta passione da meritarsi questa bacchettata del quotidiano «Il Riformista»: «L'audace dottor Palenzona, furbetto della Margherita». Dando pure la stura alle tesi più stravaganti. «La mia idea è che lui stia scalpitando in UniCredit. Ma la sua posizione è velleitaria: Alessandro Profumo mi sembra solidissimo», commenta il deputato margheritino Natale D'Amico, ex dirigente della Banca d'Italia. Non sa quanto le sue parole si riveleranno profetiche. Perché sei anni dopo, quando la crisi finanziaria renderà Profumo sempre meno sopportabile a chi da tempo non vedeva l'ora di liberarsene, è lui a dargli la spallata decisiva. La cacciata dell'amministratore delegato di UniCredit, compensata con una sontuosa buonuscita da 38 milioni di euro, è un episodio perfetto per capire come vanno queste cose in Italia. Dove le decisioni sugli assetti di potere della più grande banca del Paese non passano nelle assemblee degli azionisti, ma si prendono durante una cena in una villa di Ansedonia fra personaggi apparentemente estranei del tutto alla vicenda: se si eccettua naturalmente Palenzona. La ricostruzione che ne fa Giovanni Pons della «Repubblica» sulla base delle intercettazioni telefoniche dell'inchiesta sulla cosiddetta P4 è sconcertante. «La congiura potrebbe essere stata messa a punto verso la metà di agosto 2010, quando Luigi Bisignani ha ospiti a cena presso la sua villa di Ansedonia proprio Palenzona e Manfredi Lefebvre D'Ovidio. [...] Il 7 settembre, cioè pochi giorni prima dello showdown, Cucchiani, presidente di Allianz in Italia e consigliere di amministrazione di UniCredit, riferisce a Bisignani il contenuto di un'agenzia che attraverso il suo addetto stampa sta per far uscire da Londra. Titolo: "Il problema non sono i libici, è Profumo".» La tesi sottostante, scrive Pons, è che Profumo «non poteva non sapere dell'ingresso del fondo libico [che ha comprato il 7 per cento di UniCredit, diventandone il primo azionista singolo, NdA] e ha taciuto la cosa al suo presidente, ultimo garante della governance della banca. Inoltre Profumo si è comportato da padrone assoluto, come se la banca fosse sua». Va detto che in questa partita Cucchiani ha un interesse specifico: punta alla poltrona di amministratore delegato di UniCredit, che sente alla propria portata. Continua Pons: «Lo stesso giorno Bisignani parla ancora con Cucchiani e gli dice "che il mio amico, quello grosso, è decisissimo, ha parlato con tutti, ci sta da vedere come muoversi". [...] D'altronde, che l'estromissione di Profumo non sia avvenuta per caso è dimostrato dall'attivismo dei vari interlocutori per la nomina del suo successore. Bisignani afferma in varie conversazioni che il candidato di Mario Draghi è Andrea Orcel, banchiere d'affari della banca americana BofA Merrill Lynch. Ma Bisignani non lo conosce, prende informazioni su di lui, parla con Claudio Costamagna, ex banchiere della Goldman Sachs, capisce che Orcel ha fatto molte operazioni per Profumo e riesce a far saltare la sua candidatura. "Già morto", dice a Cucchiani. Poi parte la corsa vera al sostituto. Bisignani e Palenzona vorrebbero Andrea Nicastro al vertice, il presidente Dieter Rampl, invece, punta su Sergio Ermotti, che era il braccio destro di Profumo. Infine si decide di nominare Ghizzoni. Ma la scelta non accontenta nessuno. "Stanno mettendo uno veramente di nessuno spessore", dice Bisignani all'ambasciatore libico Gaddur».

Il giudizio sul successore di Profumo è ancora più colorito in una telefonata intercettata il 28 settembre del 2010 ancora dagli inquirenti che indagano sulla P4. «Una cagata assoluta», dice Bisignani al suo amico Vittorio Farina. È il titolare della

Ilte, azienda tipografica un tempo appartenuta al gruppo Iri. Bisignani ne è un dirigente. In quel momento Farina è anche impegnato nel tentativo di salvataggio di una immobiliare che fa capo a Massimo Cimatti, la Norman95, fortemente esposta con alcune banche fra cui UniCredit. Vicepresidente di quella società è stato, per otto anni, Palenzona. E non si tratta, come verrà approfondito in un altro capitolo, di una semplice coincidenza.

Il furetto di Gelli

Ma chi è Luigi Bisignani? Nessuno può spiegarlo meglio di quanto egli stesso abbia fatto davanti ai pubblici ministeri Francesco Curcio e Henry John Woodcock: «Sono una persona con una rete di contatti e di conoscenze pressoché infinita. Quando ci sono delle decisioni importanti da prendere, il mio parere viene ascoltato». Per «decisioni importanti» s'intendono, ad esempio, le nomine pubbliche. Ma perché debbano essere ascoltati i suggerimenti di questo signore «piccolo e scattante» come «un furetto», per citare una fulminante metafora di Alberto Statera, rimane un mistero profondo. Come misteriosa è la merce che lo fece diventare allora intimo di Giulio Andreotti e ora temuto e in seguito rispettato da manager pubblici, capi di partito e ministri. Bisignani non è un capitano d'industria. Né un grande finanziere: non risulta che abbia in tasca nemmeno un'azione di UniCredit. Tanto meno è un politico influente. Figuriamoci: semmai è lui a influenzare i politici.

I giornali hanno rivelato che si sarebbe perfino adoperato per aggirare il veto di Gianfranco Fini alla nomina di Daniela Garnero Santanché nel governo. Sul «Fatto Quotidiano» Gianni Barbacetto ha scritto che «definirlo consulente di Palazzo Chigi è impreciso da un punto di vista formale. E non è bella neppure la battuta che circolava a Roma, secondo cui Bisignani era stato nominato da Silvio Berlusconi sottosegretario di Stato per interposta persona». Alludendo così a una sua presunta trascorsa *liaison* con la sottosegretaria al Programma.

Certo è che il suo nome continua ad aprire tante porte. Per esempio, è stato scritto dappertutto, quella del braccio destro del premier, Gianni Letta. E dalla «ditta», come secondo Emiliano Fittipaldi dell'«Espresso» è chiamato in gergo il suo ufficio romano, lavora a pieno ritmo per dispensare consigli, mediazioni, favori. Un episodio? Paolo Mondani per la trasmissione *Report* di Milena Gabanelli ha rivelato il ruolo determinante avuto da Bisignani in una delle operazioni più clamorose che abbiano coinvolto negli ultimi anni un'azienda pubblica: la vendita di Wind da parte dell'Enel al magnate egiziano Naguib Sawiris.

Figlio di un ex alto dirigente della Pirelli, Bisignani è uno dei rari milanesi che hanno scelto Roma per realizzarsi negli affari. Anche se affari un po' particolari. La sua carriera comincia alla macchina da scrivere: giornalista dell'Ansa. Giovanissimo diventa capo ufficio stampa di un potente ministro democristiano. Si chiama Gaetano Stammati e nel maggio 1981 il suo nome sarà trovato dai giudici Gherardo Colombo e Giuliano Turone negli elenchi della P2 di Licio Gelli. Ma nei libroni di Castiglion Fibocchi a quanto pare c'è anche lui, il ventottenne Luigi Bisignani accanto a ministri, direttori di giornali, alti papaveri militari e a un signore che diventerà presidente del Consiglio, allora qualificato soltanto come «apprendista muratore». Una specie di affronto, per Silvio Berlusconi. Che rievocherà: «Ricevetti la tessera di apprendista muratore. Dissi di rimandarla indietro. Mi fanno Grande Maestro o niente!».

«Gigi» per gli amici, tifoso della Lazio, ha anche un fratello maggiore piuttosto noto: Giovanni «Nanni», classe 1946, alto dirigente dell'Iri. Questi diventa amministratore delegato dell'Alitalia mentre il fratellino trasloca alla Ferruzzi, con l'incarico di capo delle relazioni esterne. Da cronista, intanto, il giovane Bisignani si è evoluto in scrittore di *spy stories*. Il suo *Nostra signora del Kgb*, pubblicato da Rusconi, ottiene una recensione del presidente del Consiglio Andreotti. È il minimo... Ma sono gli anni di Tangentopoli e «Gigi» finisce anche nei guai: si becca una condanna a due anni e otto mesi. I magistrati ricostruiscono che attraverso le sue mani è passato un pezzo del mazzettone Enimont. Il perché lo spiega Carlo Sama ai giudici: «Aveva buone entrature nello Ior, cioè nella banca del Vaticano. [...] L'incarico di Bisignani era quello di permettere il collegamento con lo Ior per la negoziazione dei titoli [i Cct nei quali venne riconvertita parte della tangente, NdA] e la successiva collocazione presso i politici di riferimento».

Definire «buone» le entrature allo Ior del capo della comunicazione dei Ferruzzi, tuttavia, è un eufemismo. Nel suo libro *Vaticano S.p.A.*, Gianluigi Nuzzi ha rivelato come alla banca del Vaticano «Gigi» fosse di casa: al punto da riuscire ad aprire nell'ottobre del 1990, con l'aiuto del cardinale Donato De Bonis, già segretario di Paul Marcinkus, un conto riservatissimo intestato a una fondazione americana, che sarà al centro di un vorticoso giro di denaro.

Molti particolari di quella sordida vicenda della tangente Enimont sono ancora avvolti nella nebbia. Ma fra i personaggi che ne sono rimasti segnati non c'è di sicuro Bisignani. Per lui è stato appena un vecchio incidente di percorso che non ne ha affatto intaccato l'incredibile sfera di relazioni. Nel 2012 possiede una società di consulenza, la Four consulting srl, e una partecipazione nella Italian brakes, ditta che produce freni nata da una joint venture fra alcuni privati napoletani e il gruppo Iri. Guarda caso.

«Gigi» è un tessitore instancabile. E più i fili si spezzano, più lui riannoda. E tesse. Per anni. Passano i governi, nascono e muoiono i partiti: ma politici, ministri, uomini d'affari, tutti finiscono uno dopo l'altro nella sua rete. E pazienza se il suo nome salta fuori di volta in volta associato a qualche faccenda misteriosa. Lui fa sempre lo sportivo. Anche se con Dino Martirano del «Corriere della Sera», che nel 2007 lo interpellava a proposito dell'inchiesta del pm Luigi de Magistris nella quale era comparso il suo nome, si è sfogato: «Non ho mai messo piede in una loggia massonica. Chissà chi mi ha coinvolto in questa storia che mi perseguita da quando facevo il giornalista». Chissà.

Si scrive Biasi, si legge Tosi

A questo punto torniamo alla cacciata di Profumo. Perché oltre alle manovre di corridoio orchestrate da protagonisti improbabili, che avranno comunque un peso determinante nella riuscita dell'operazione, in quel 2010 succedono altri fatti. Succede, per dirne una, che Umberto Bossi si lasci andare alla seguente esternazione: «È chiaro che le banche più grosse del Nord avranno uomini nostri a ogni livello. La gente ci dice "prendetevi le banche" e noi lo faremo». Una minaccia che qualcuno interpreta come rivolta proprio in direzione di UniCredit. «Più di dieci anni fa», ricorda Galapagos sul «Manifesto», «la Lega cercò di sbarcare nel mondo del credito fondando la Credieuronord con un capitale di 70 miliardi di lire. Fu un flop gigantesco [vedi p. 62, NdA]. [...] Ora la Lega, accantonata l'idea di una banca propria, tenta di mettere le mani sulle grandi banche del Nord. In primo luogo UniCredit e Banca Intesa». E per raggiungere questo obiettivo, conclude Galapagos, non c'è altra strada che «cercare di avere maggiore peso nelle fondazioni bancarie, tra le maggiori azioniste delle due grandi banche. Per esempio, la Cassa di risparmio di Torino ha il 3,68 per cento del capitale di UniCredit e la Cariverona il 4,98 per cento. La Compagnia Sanpaolo, invece, detiene il 9,88 per cento del capitale di Intesa Sanpaolo e la Cariplo il 4,68 per cento. [...] Ora che il potere della Lega si è allargato sul territorio e molte designazioni di amministratori delle fondazioni sono di quasi esclusiva pertinenza della Lega, gli appetiti sono cresciuti, insieme a un forte malcontento per la politica del credito delle banche. In particolare da parte delle piccole e medie imprese. Quindi i soldi del Nord al Nord».

Sei mesi più tardi il governatore del Veneto Luca Zaia rigetterà ogni responsabilità del Carroccio nel licenziamento dell'amministratore delegato di UniCredit. «La Lega non si accredita del risultato dell'operazione Profumo», risponde a Myrta Merlino durante una puntata di *Effetto domino* su La7. Confermando però che Galapagos non farneticava: «UniCredit ha la peculiarità della presenza delle fondazioni bancarie. Bisogna che garantiamo i territori. Il modello è quello di una banca che aiuti chi ha bisogno e aiuti i territori».

Non è una semplice coincidenza. Si dà il caso che proprio in quegli stessi giorni venga deciso il rinnovo delle cariche alla Fondazione Cassa di risparmio di Verona, principale azionista italiano di UniCredit. Il presidente si chiama Paolo Biasi, da diciotto anni fa il bello e il cattivo tempo. Adesso però la poltrona sulla quale è seduto traballa. Il suo destino è nelle mani di Flavio Tosi, il sindaco leghista di Verona al quale spetta il potere di designazione dei vertici della Fondazione. Il che fa ben capire come in questo Paese la politica, cacciata dalle banche attraverso la porta, sia rientrata passando per la finestra.

Tosi non ama l'amministratore delegato di UniCredit e non fa nulla per nasconderlo. Dopo aver lanciato un avvertimento sibillino con un'intervista a «Panorama Economy» («Le strategie di Profumo non sono chiare e noi potremmo anche prendere un'altra strada»), il giorno dello showdown non gli risparmia un personale *De profundis*, paragonandolo durante una chiacchierata su Radio 24 con Oscar Giannino a un «custode infedele» che ha fatto entrare un estraneo «in casa tua senza avvisarti». Lampante il riferimento allo sgradito socio africano, preso a pretesto per il regolamento di conti.

Va da sé che nemmeno Biasi alza un dito per salvare Profumo. A parte il fatto che i due non si sono mai particolarmente amati, il presidente della Fondazione ha ben altri pensieri. Il principale, salvare un posto in grado di garantire visibilità e potere. Ma che può anche rappresentare, perché no, un formidabile salvavita per una emergenza di cui parleremo fra breve.

Il salvataggio delle caldaie

Da sempre, quando a Verona si parla di banche, il pensiero va automaticamente a Paolo Biasi. È un riflesso condizionato. Potentissimo e democristianissimo, grazie alla spinta della Dc, della Curia di una fra le città più cattoliche d'Italia, nonché degli ambienti industriali veronesi, si è insediato nel 1992 prima al vertice della Cassa di risparmio e poi a quello della Fondazione. Da dove non si è più mosso collezionando peraltro nel tempo, in virtù di quella rendita di posizione, incarichi di supremo prestigio. Vogliamo ricordarne qualcuno? Presidente di UniCredito spa, consigliere di Mediobanca, UniCredit Banca mobiliare, Generali, Allianz e Ras. A metà degli anni Novanta ha avuto persino un posto nel comitato esecutivo della concorrente Banca Intesa. Niente male. Anche perché la famiglia Biasi è proprietaria dal 1938 di un gruppo industriale che produce caldaie, fortemente esposto con le banche. Un gruppo nel quale il fondatore Leopoldo Biasi, padre di Paolo, faticherebbe anche per questo a riconoscersi. Sarà per le difficoltà del mercato, per una gamma di prodotti ormai maturi, o forse a causa di una gestione non proprio brillante, ma in quel fatidico 2010 non si può certo definire un'industria florida. A forza di bilanci in perdita le cose si sono messe male, e senza i finanziamenti di UniCredit andrebbero ancora peggio. La sintesi: se Tosi ha in mano il destino di Biasi come presidente della Fondazione, la banca ha in mano quello dell'azienda di famiglia. Un intreccio perverso dietro al quale si profila un grosso pasticcio.

Venerdì 22 ottobre 2010, un mese dopo la cacciata di Profumo, il settantaduenne Biasi ottiene, per la serie «largo ai giovani», la sospirata riconferma per altri cinque anni. Il sostegno del quarantunenne sindaco di Verona è pieno e convinto. Tosi si accontenta di piazzare nel consiglio di amministrazione l'avvocato Giovanni Maccagnani, ex assessore comunale leghista, con delega sulle erogazioni. Praticamente, aziona le valvole finanziarie dell'ente nato dalla Cassa di risparmio che con i dividendi di UniCredit ha distribuito per anni valanghe di quattrini su Verona e dintorni. Biasi fa da garante alle esigenze dei territori leghisti e la Lega garantisce Biasi: sono questi gli accordi? Di certo, se un accordo del genere c'è stato, è arrivato giusto in tempo.

Nel momento in cui Biasi viene riconfermato alla guida della Fondazione, il suo nome è nel registro degli indagati della procura di Teramo. I giudici abruzzesi lo accusano di bancarotta preferenziale per il crac di una delle sue imprese. Un bel guaio, considerando che lo statuto della Fondazione prevede in caso di condanna di primo grado la sospensione automatica dall'incarico. Ma ecco materializzarsi subito un magnifico scudo protettivo. Nel gennaio del 2011, un mese prima che Biasi venga rinviato a giudizio, la Fondazione modifica lo statuto, introducendo una clausola in base alla quale il consigliere sospeso automaticamente può essere reintegrato seduta stante. «Un lavoro ben fatto», esulta Tosi. La clausola non scatterà mai. Biasi verrà infatti assolto con formula piena al termine del processo di primo grado.

Resta il problema dell'azienda di famiglia, in crisi profonda. Ma qualche giorno prima che venga eretto lo scudo a difesa del presidente della Fondazione, i creditori di Biasi sottoscrivono un documento di 197 pagine: è l'accordo quadro per la ristrutturazione del debito. Che cosa prevede? Stabilisce semplicemente il congelamento per tre anni, fino alla fine del 2014, dell'intera esposizione debitoria, interessi compresi, in vista del rilancio dell'attività. Particolarmente istruttiva è la lettura dell'allegato D, nel quale sono elencati i debiti del gruppo alla data di aprile 2010. L'esposizione complessiva con le banche è di 91 milioni e 867.000 euro. In cima all'elenco c'è UniCredit: Biasi, presidente per volontà del sindaco leghista della Fondazione che ne è azionista, deve restituire qualcosa come 69 milioni e 738.000 euro. Più di 130 miliardi delle nostre vecchie lirette.

Privatizzazioni poco private

Delle fondazioni bancarie si è detto tutto il bene possibile. Che senza di esse le banche italiane sarebbero finite nelle fauci degli stranieri (Fabrizio Palenzona). Che il loro ruolo è sempre stato insostituibile (Antonio Fazio). Fino all'affermazione che «il sistema bancario italiano ha resistito alla crisi meglio che in altri Paesi grazie alla stabilità assicurata da investitori a lungo termine quali sono le fondazioni di origine bancaria»: parole del presidente del consiglio di gestione di Intesa Sanpaolo, Andrea Beltratti. La verità è che, se una cosa quegli enti hanno garantito, è la perfetta continuità con i vecchi apparati che avevano in mano le Casse di risparmio. Strutture politiche per eccellenza, le quali grazie a fusioni e acquisizioni hanno finito addirittura per assumere il controllo degli istituti di credito legati a Mediobanca: quelli in passato più rivolti al mondo privato. La storia che abbiamo appena raccontato di UniCredit, alias Credito italiano, la prima banca di quel giro a essere «privatizzata» nel 1993, ne è la dimostrazione. La conclusione è che in Italia la politica non è mai davvero uscita dal sistema bancario. Si può dire, anzi, che con il passare del tempo certa politica si è fatta banca. Faceva comodo ai partiti, certo. Ma anche i privati ne hanno avuto il loro tornaconto. Diversamente, alcuni regni non sarebbero durati tanto a lungo. Nel 2012 il presidente dell'Acri, la potente associazione delle fondazioni di derivazione bancaria, è ancora, da dodici anni, Giuseppe Guzzetti, classe 1934. Addirittura correva l'anno 1997 quando ha ricevuto l'investitura da presidente della Fondazione Cariplo, l'ente che controlla il 4,7 per cento di Intesa Sanpaolo. Per otto anni governatore democristiano della Regione Lombardia, è stato senatore Dc per due legislature. Il 31 luglio 2012, intervistato sulla «Repubblica» da Andrea Greco, ha dichiarato che le fondazioni rappresentano un argine al presumibile assalto straniero alle nostre banche. Ragion per cui, *hic manebimus optime.* Dice Guzzetti: «L'italianità bancaria [...] è un problema reale. Non è indifferente che i centri decisionali dei gruppi stiano a Milano, Parigi e Francoforte. Riflettiamo su cosa fa Lactalis con Parmalat, o Krupp che a Terni intendeva portare via il reparto più avanzato, o UniCredit che non può portare in Italia i soldi raccolti in Germania. Non ha senso una polemica sulle fondazioni nelle banche senza guardarne in prospettiva l'azionariato. Anche perciò nel breve-medio termine non vedo assolutamente l'eventualità di cedere quote bancarie».

Le affermazioni sulla «stabilità» generosamente donata dalle fondazioni al sistema bancario italiano fanno semplicemente sorridere di fronte a certi esempi. La vicenda del Monte dei Paschi di Siena lascia attoniti. È una delle più grandi banche italiane ed è quotata in Borsa. Ma anche qui il mercato ha un peso marginale. Da sempre è controllata da una fondazione posseduta da enti locali e soggetti istituzionali, fra i quali il più ingombrante è il Comune di Siena. Di fatto, il padrone del Monte. Dunque la politica non è mai stata estranea ai destini della banca. C'è chi maliziosamente aggiunge che non sia estranea alle vicende del Monte l'influenza di oscuri ambienti della massoneria, potenti e radicatissimi a Siena. La cosa certa è che a dirigere l'orchestra è il centrosinistra: nelle epoche più recenti l'inquilino del Municipio senese è stato espressione prima del Pds, quindi dei Ds, e infine del Partito democratico. E non è mai rimasto a guardare. Degli ultimi quattro sindaci alternatisi dal 1983 fino al 2012, quando una crisi esplosa nella coalizione ha portato alle dimissioni di Franco Ceccuzzi, ex segretario diessino locale ed ex parlamentare del Pd, ben tre sono o sono stati dipendenti della banca: Vittorio Mazzoni della Stella, Pierluigi Piccini e Maurizio Cenni. Magari è pure comprensibile, se è vero che circa il 10 per cento dei 50.000 cittadini di Siena lavora al Monte. Ma normale no, non lo è decisamente.

I furbetti del Botteghino

Alla fine degli anni Novanta, ben prima che Piero Fassino si lasci sfuggire quella frase maldestra parlando al telefono con il capo dell'Unipol Giovanni Consorte, impegnato nella scalata alla Banca nazionale del lavoro, «Allora, abbiamo una banca?», è chiaro che una parte della sinistra punta sul Monte dei Paschi per organizzare un blocco di potere economico e finanziario in grado di fare da contraltare alle grandi famiglie che fino ad allora hanno menato la danza nel capitalismo italiano. È l'epoca del takeover su Telecom Italia lanciato dai «capitani coraggiosi» guidati da Roberto Colaninno sotto lo sguardo benevolo del presidente del Consiglio Massimo D'Alema, il primo post-comunista a entrare a Palazzo Chigi. «L'unica *merchant bank* dove non si parla inglese», è il velenoso commento di

Guido Rossi, ex presidente della compagnia telefonica un tempo deputato indipendente eletto nelle liste del Pci. E pazienza se più di sei anni dopo Claudio Velardi, che mentre Colaninno e i suoi amici danno l'assalto a Telecom Italia è il consigliere più ascoltato del premier, ammette: «D'Alema avrebbe dovuto risparmiarsi quella frase sui capitani coraggiosi. Fu un errore».

La scalata è il banco di prova della grande alleanza rossa fra il Monte dei Paschi, che garantisce munizioni per duemila miliardi, l'Unipol di Consorte, che proprio a ridosso dell'operazione acquisisce una partecipazione rilevante nella finanziaria lussemburghese Bell di Colaninno, e la «razza padana» benedetta da D'Alema. Un gruppo di cui fanno parte anche personaggi come Emilio Gnutti ed Ettore Lonati, che compariranno in seguito nella torrida estate 2005 delle scalate bancarie dei «furbetti del quartierino». Certo Colaninno non è uno sprovveduto. Si è fatto le ossa con un certo Carlo De Benedetti e sa che il takeover del secolo non si può fare all'insaputa di Mediobanca. Decisamente meglio se con il suo sostegno. Enrico Cuccia reagisce alla proposta «con entusiasmo», racconterà in seguito Colaninno. Ma è una mossa tattica. Il disegno è diverso e niente affatto estemporaneo, come dimostrano altri episodi. Mentre si prepara l'offensiva contro Telecom Italia, il Monte dei Paschi muove sulla roccaforte finanziaria di Colaninno. Racconta Bruno Tabacci nel 2007 in *Intervista su politica e affari*: «Tutto comincia con l'operazione sulla Banca agricola mantovana, una storia che ho vissuto in diretta. La scalata alla Bam da parte del Monte dei Paschi di Siena nasce come banco di prova della nuova alleanza che si instaura con l'arrivo al potere del centrosinistra fra quella che viene definita la finanza rossa e la razza padana, i capitani coraggiosi tanto cari a D'Alema. Non è un caso che uno dei principali promotori sia stato Stefano Bellaveglia, a lungo vicepresidente del Monte, uomo molto vicino ai Ds di Siena. All'epoca ero uno di quelli contrari alla vendita al Monte. La mia idea era che la Bam avrebbe dovuto fare un'aggregazione con un'altra banca padana: Cariparma o la Popolare di Vicenza oppure altre banche popolari. Molti altri, invece, condizionati da Colaninno, da Marcegaglia e da qualche furbetto, spingevano per vendere ai senesi. Quando si fece l'assemblea per decidere, fu addirittura organizzato un concerto con il tenore Luciano Pavarotti, pagato dal Monte, per attirare più gente possibile. Il fronte degli scalatori organizzò i pullman per andare a prendere i soci e portarli a votare. Grazie a questo soccorso rosso, il Monte dei Paschi vinse per mille voti di scarto. Così noi mantovani, dall'essere cacciatori, diventammo preda».

E come non ricordare la costosissima acquisizione della Banca del Salento? È il 23 dicembre del 1999, la scalata a Telecom Italia si è conclusa da qualche mese con successo. Per comprare il piccolo istituto delle famiglie pugliesi Semeraro e Gorgoni, una novantina di sportelli in tutto, il Monte dei Paschi si svena letteralmente, in una folle gara al rialzo con il Sanpaolo di Torino. Una corsa suicida e assurda, perché in quel momento la banca senese controlla con il 6 per cento quella torinese. Nel consiglio di amministrazione del Sanpaolo che sta contendendo a Siena la Banca del Salento siedono addirittura due rappresentanti del Monte dei Paschi, Alessandro Vercelli e Antonio Scavi: quest'ultimo fa parte anche del comitato esecutivo, competente per tutte le decisioni strategiche, come le acquisizioni. Fatto sta che, per far desistere i cugini torinesi e conquistare la Banca del Salento, il Monte deve mettere sul piatto 2500 miliardi di lire. Si tratta di una somma superiore di circa 700 miliardi a quella incassata dall'Iri sei anni prima grazie alla privatizzazione del Credito italiano. E di poco inferiore a quella ottenuta con la cessione della Comit.

Impossibile non notare che il Salento è il collegio elettorale di D'Alema. Come pure la presenza, al vertice della piccola banca pugliese, di un manager assai stimato dal presidente del Consiglio per le sue capacità finanziarie. Parliamo di Vincenzo De Bustis, lo stesso già in predicato per un incarico di prestigio nella holding statale appena costituita, Sviluppo Italia: è chiaramente predestinato a un decollo in grande stile. Ancora pochi mesi e diventa infatti direttore generale del Monte dei Paschi di Siena.

Il bancomat di Siena

Tutto questo non significa che il Bottegone o il Botteghino abbiano potere di condizionamento assoluto. I senesi sono fieri e orgogliosi. Per loro il Monte è tutto e su alcune cose non sono affatto disposti a cedere: si trattasse pure di scombinare i progetti romani. Se a un certo punto non si conquista la Banca nazionale del lavoro, per esempio, è colpa (o merito, secondo i punti di vista) del Comune di Siena che non vuole far rischiare alla Fondazione di perdere la maggioranza assoluta delle azioni. Per non citare lo scontro che si accende quando il partito si ostina a tagliare la strada verso la presidenza della Fondazione al sindaco uscente Pierluigi Piccini, considerato una testa calda ingestibile. Lo bloccano con un intervento a gamba tesa: un decreto *contra personam* del Tesoro guidato dal diessino Vincenzo Visco, che vieta ai sindaci di fare i presidenti delle fondazioni. Regola forse ineccepibile, ma sfornata dal ministro con una tempistica più che sospetta.

Screzi clamorosi, per quanto rimasti sottotraccia, ci sono pure quando a Siena s'impuntano e di sostenere l'Unipol nella scalata alla Bnl non ne vogliono sapere nulla. Il rischio non gli è mai piaciuto e si capisce perché.

Il Monte non è soltanto una banca che dà lavoro a migliaia di cittadini. Il Monte è il Palio: chi sostiene la corsa di cavalli più antica, crudele e forse famosa del mondo se non la Fondazione? Ma il Monte è anche il calcio: la banca è lo sponsor della squadra cittadina. Otto milioni l'anno, vale quella sponsorizzazione. Non soltanto. La Fondazione è azionista con una piccola quota dell'A.C. Siena mentre l'84 per cento della controllante Progetto Siena, che fa capo alla famiglia di Alessandra, Barbara, Massimo e Valentina Mezzaroma, risulta in pegno al Montepaschi. La stessa banca che ha prestato lo scorso anno una fidejussione di 800.000 euro per consentire al Siena calcio l'iscrizione al campionato di serie A.

Come se non bastasse, poi, il Monte è anche la pallacanestro. Il Montepaschi basket ha vinto scudetti a ripetizione con il glorioso stemma della banca sulle maglie. Azionista di controllo della squadra è la Polisportiva Mens Sana. Sponsorizzata anch'essa, manco a dirlo, dal Monte.

E se funziona così con lo sport, figuriamoci il resto. Soldi, soldi, soldi. Valanghe di soldi. Il 22 maggio 2012, durante le fasi più acute dell'ultima feroce battaglia politica sul Monte, il sito Lettera43 di Paolo Madron ricorda che «negli ultimi dieci anni la banca ha versato oltre un miliardo di euro alla Fondazione che poi li distribuiva sul territorio: circa 4000 euro per ciascuno dei 270.000 abitanti della provincia di Siena».

«Un vero bancomat per gli enti locali», chiosa Camilla Conti, «che si è rotto con la crisi ma soprattutto il boomerang dell'acquisizione di Antonveneta costata al Monte più di 10 miliardi.» Il paradosso dei paradossi. Perché dopo essersi sfilata dalle scalate dell'estate 2005 la banca senese compra nel 2007 quella che doveva essere la preda di Gianpiero Fiorani. E la compra a carissimo prezzo. Nove miliardi. Dieci e mezzo, considerando lo stato in cui trovano l'istituto. In due anni l'Antonveneta passa di mano tre volte. Prima la compra l'Abn Amro. Poi l'istituto olandese viene rilevato dal Banco Santander, Royal Bank of Scotland e Fortis. Quindi gli spagnoli del Santander cedono l'Antonveneta, che nella spartizione dell'Abn Amro è toccata a loro, al Monte dei Paschi. Ci hanno visto lungo. I prudenti senesi, invece, un po' meno. Ma il boccone amaro sarebbe stato anche digeribile senza un'altra mazzata. Perché i lungimiranti manager del Monte, nel cui consiglio di amministrazione sono transitati, per inciso, anche alcuni dei più bei nomi dell'imprenditoria privata, hanno investito 27 (ventisette) miliardi in titoli di Stato, gran parte dei quali a trent'anni. Il che, con la crisi finanziaria, si traduce in 5 miliardi di minusvalenze.

E la situazione sfocia in una scazzottata interna al Partito democratico senza precedenti. Ma così violenta da far naufragare la giunta comunale. Convinto che sia arrivato il momento di una svolta, il sindaco Franco Ceccuzzi, piovuto fresco fresco da Montecitorio, sostiene Alessandro Profumo insieme ai diessini. L'accoglienza non è delle migliori. A marzo 2012 migliaia di dipendenti della banca scendono in piazza minacciosi. Nel mucchio spunta un cartello che invoca la rockstar cittadina: «Gianna Nannini presidente». Ma è niente in confronto a quello che si prepara nei corridoi del potere.

Fratelli coltelli

Il presidente della Fondazione, Gabriello Mancini, vede la nomina dell'ex amministratore delegato di UniCredit come il fumo negli occhi e gli vota contro. Il margheritino Mancini non è ovviamente un folle isolato. Dal 2006 la Fondazione è il regno della Margherita. È accaduto quando il presidente Giuseppe Mussari, considerato in quota Ds, si è trasferito al timone della banca. Da allora gli accordi politici hanno consegnato l'ente proprietario dell'istituto all'altra componente del centrosinistra senese. E quegli accordi non sono mai stati messi in discussione. Almeno fino all'arrivo di Ceccuzzi e Profumo, che annuncia un terremoto dalle conseguenze incalcolabili.

Mancini governa la Fondazione in nome e per conto di Alberto Monaci: ex funzionario del Monte come quasi tutti i politici locali, ex deputato democristiano, ex capo della Margherita, presidente del consiglio regionale della Toscana, è una delle persone più potenti della città. Se la Dc esistesse ancora, a Siena sarebbe lui. Quando lo scudo crociato si sfarina, la sua futura moglie Anna Gioia, che sposerà nel 2001, funzionaria della azienda sanitaria locale e consigliere comunale della Margherita, nonché madre del coordinatore cittadino del partito, Alessandro Pinciani, ne raccoglie pietosamente le spoglie. Compra nel 1999 per la modica somma di 570 milioni di lire, dai liquidatori di quel che resta dell'immenso patrimonio Dc, proprio quel meraviglioso appartamento di 309 metri quadrati con 14 stanze a due passi da piazza del Campo, che era stata la sede della Democrazia cristiana.

Stesso partito, stessa fede politica abbracciata dal fratello minore di Alberto, Alfredo Monaci, «procuratore» del Monte, che, dopo una sbandata destrorsa conclusa con l'adesione a una lista civica di destra alle elezioni comunali, torna all'ovile e viene accolto con l'affetto dovuto al figliol prodigo. Si becca la vicepresidenza della Sansedoni spa, che gestisce il cospicuo patrimonio della Fondazione, poi via via un posto nel consiglio di amministrazione della banca, la presidenza della controllata Cassa di risparmio di Biella e Vercelli, quindi la promozione a capo di Mps immobiliare. Ma con l'arrivo di Profumo deve subire uno smacco. Che ha tutto il sapore di un segnale inviato anche al potentissimo fratello: la conferma di Alfredo Monaci come consigliere della banca, data per certa fino a poche ore prima, improvvisamente sfuma.

Da quel punto in poi, tutto precipita. Un bel giorno i consiglieri comunali margheritini votano con l'opposizione di destra bocciando il bilancio municipale, in rosso perché mancano i soldi della Fondazione. Lividi di rabbia verso gli ormai ex compagni di partito, i diessini fanno risuonare l'insulto: «Siete peggio di Scilipoti!». E il sindaco si dimette. Ma non è l'unico che ci rimette il posto. Salta pure il direttore della «Nazione» Mauro Tedeschini, reo di aver pubblicato un comunicato ufficiale della Fondazione che non dava per scontato il sostegno all'emissione di certi buoni comunali fondamentali per il Municipio. Una telefonata dell'editore Andrea Riffeser, racconta Tedeschini, lo raggiunge sul Frecciarossa per Bologna: «Passi in amministrazione. C'è una busta per lei». Dentro, la lettera di licenziamento. Chi tocca i fili muore. E i fili sono, appunto, quelli che collegano il Monte dei Paschi al Comune di Siena.

Il capolavoro di Geronzi

Va decisamente meglio, almeno dal punto di vista economico, al direttore generale Antonio Vigni. Per la risoluzione anticipata del rapporto di lavoro, avvenuta all'inizio del 2012, ha diritto a 4 milioni di euro. Una cifra enorme, che un suo impiegato ci mette un secolo a guadagnare. Ma fa ridere, in confronto ad altre situazioni. Basta dire che l'impiegato di cui sopra dovrebbe lavorare tredici o quattordici secoli per raggranellare quanto porta a casa in appena quattro anni e mezzo, fra stipendi e liquidazioni, Cesare Geronzi. Cinquantacinque milioni: euro più, euro meno. Il grosso, grazie a due buonuscite da leccarsi i baffi. La prima al momento di lasciare il vertice di Capitalia, confluita in UniCredit: 21,5 milioni. «Emolumento straordinario che costituisce anche un premio alla carriera», dice la motivazione. La seconda, quando nell'aprile 2011 è costretto ad abbandonare la presidenza delle Generali «dopo una serie di duri contrasti verificatisi nella Compagnia ai quali egli è stato però del tutto estraneo», scrive lo stesso Geronzi nel proprio sito internet. Undici mesi di lavoro che gli fruttano, oltre a uno stipendio identico a quello che percepiva in precedenza come presidente di Mediobanca (3,3 milioni l'anno) e alcuni benefit come l'uso del jet privato del Leone, una liquidazione da 16 milioni e 650.000 euro. Nonché la nomina avvenuta contestualmente all'assunzione della prestigiosa carica, il 24 aprile 2010, alla presidenza del consiglio di amministrazione della Fondazione Assicurazioni Generali, dove lo raggiungerà dopo qualche mese una vecchia conoscenza: Angelo De Mattia. Per lunghi anni l'ombra di Antonio Fazio, con cui Geronzi ha un feeling profondo interrotto soltanto quando il suo rivale per la conquista della banca Antonveneta, Gianpiero Fiorani, entra nelle grazie dell'ex governatore. Fazio lo stima al punto da celebrarlo pubblicamente con un intervento fuori protocollo all'Università di Bari che ha appena conferito al presidente di Capitalia la laurea *honoris causa* in Economia e commercio. «A capo delle banche italiane», dichiara il governatore, «ci sono uomini eccezionali.»

Ed eccezionale è sicuramente la liquidazione delle Generali, che fa scalpore. In Parlamento fioccano le interrogazioni. Un giornalista francese di «Les Echos» va addirittura a stuzzicare il predecessore di Geronzi, Antoine Bernheim, che ha le scarpe piene di sassolini. E li tira fuori tutti quanti: «La buonuscita di Geronzi? Non me ne capacito, trattandosi di un presidente non esecutivo. L'anno scorso il consiglio di amministrazione non ha voluto confermarmi al mio posto a causa della mia età, ma era un pretesto. In verità ne avevano abbastanza di vedere la mia faccia. E quando me ne sono andato non mi è stata data alcuna indennità, anche se avevo funzioni operative. Mi hanno privato degli uffici che avevo a Trieste, Milano, Roma e Parigi, delle mie segretarie e di tutti i mezzi di locomozione abitualmente messi a disposizione del presidente di Generali. Ho avuto l'impressione di essere stato trattato come un criminale comune scoperto nella cassaforte».

Bernheim esce di scena mantenendo l'incarico di presidente d'onore alla tenera età di 85 anni e mezzo, dopo che per ben 37 anni è stato ai vertici delle Generali prima come consigliere, poi come vicepresidente e presidente. Ma la notizia della liquidazione *monstre* concessa al suo successore non riesce a digerirla. E il presidente onorario fa causa alla sua compagnia chiedendo 20 milioni di euro.

Poco importa che il vecchio banchiere incassi dalle Generali un cospicuo vitalizio di un milione e mezzo l'anno reversibile per il 60 per cento alla moglie dopo la sua scomparsa (avvenuta a giugno 2012). D'altra parte non è l'unico caso del genere. A metà degli anni Novanta fa discutere la notizia che a quattro altissimi dirigenti del gruppo Fiat era stata assicurata, per contratto, una forma di garanzia simile proprio a un vitalizio. Secondo il quotidiano «Milano finanza» sono Giorgio Garuzzo, Paolo Cantarella, Giancarlo Boschetti e Francesco Paolo Mattioli. Un reperto di archeologia finanziaria che purtroppo non è andato in quiescenza.

Il Dick Cheney di Marino

La mega liquidazione di Geronzi fa rumore anche negli ambienti internazionali, dove un anno prima la sua ascesa al vertice del gigante triestino delle assicurazioni è stata notata per la modalità particolare con cui è avvenuta. Il giorno stesso in cui il comitato nomine di Mediobanca inserisce Geronzi fra i papabili per la presidenza delle Generali, il «Financial Times» lo paragona maliziosamente a Dick Cheney, che ha presieduto il comitato istituito per scegliere il candidato vicepresidente di George W. Bush. Nominando se stesso. Idem, sottolinea il quotidiano londinese, si appresta a fare Geronzi, «presidente sia di Mediobanca sia del suo comitato nomine che si riunisce oggi per indicare una lista di candidati per il nuovo consiglio delle Generali, di cui l'istituto è il principale azionista con il 14,7 per cento». Conclude Vincent Boland: «Il favorito per diventare presidente del gigante assicurativo altri non è che Geronzi medesimo».

Il quale non fa una piega. Le stilettate britanniche non lo smuovono di un millimetro dai suoi propositi. Quanto ai giornali italiani, la notizia non viene considerata eclatante. Nel Paese dove il conflitto d'interessi è al governo, quello appare un peccatuccio veniale. E il contorno romanesco della vicenda può eccitare giusto gli inglesi. Che insistono preoccupati per il fatto che le Generali «entreranno nella sfera d'influenza di Roma». Perché «Geronzi e il suo entourage potrebbero rifiutare qualsiasi altra etichetta ma non il fatto di rappresentare la via romana agli affari. Probabilmente ne farebbero anzi un punto d'onore», insinua il «Financial Times».

Per spiegare che cosa il quotidiano britannico intenda per «via romana», bastano poche righe. Geronzi si fa le ossa giovanissimo nella Banca d'Italia di Guido Carli. Dopo un rapido passaggio al Banco di Napoli con Rinaldo Ossola, si improvvisa banchiere e, partendo dalla piccola e polverosa Cassa di risparmio di Roma, inghiotte via via il Banco di Santo Spirito, il Banco di Roma, il Banco di Sicilia, il Mediocredito centrale, la Bipop... Durante la Prima Repubblica lo accompagna il marchio di fabbrica andreottiano. Ma le sue relazioni sono a trecentosessanta gradi. Il gruppo bancario da lui costruito finanzia gli uomini legati al mondo che ha il proprio punto di riferimento nel leader democristiano romano Giulio Andreotti, come Giuseppe Ciarrapico, però presta soldi anche ai socialisti, ai liberali, ai socialdemocratici, ai comunisti: nel 1997 l'esposizione del Pds con Capitalia arriva a toccare i 203 miliardi di lire. Quando le altre banche chiudono i rubinetti a un indebitatissimo Silvio Berlusconi che sta per scendere in politica, lui glieli apre. Ha una figlia che lavora alla Federcalcio dell'ex sindaco socialista di Roma nonché presidente del Mediocredito centrale, Franco Carraro. E una seconda che fa la giornalista del berlusconiano Tg5 ed è in società con i figli di Luciano Moggi e Ciriaco De Mita, acerrimo nemico di Andreotti, in un'agenzia che gestisce i cartellini di importanti calciatori. Sua moglie, Giuliana Iozzi, in pensione dall'età di 43 anni, è in affari nel settore farmaceutico con il figlio e la consorte di Jucci, generale dei carabinieri addetto alla sicurezza di Andreotti. Nel 2007 Capitalia finisce a UniCredit e per Geronzi è il momento di salire i gradini più alti della finanza italiana. Diventa presidente di Mediobanca e poi di Generali. Fatale che un uomo nel quale si concentra un simile potere passi qualche guaio giudiziario. Mentre questo volume va in stampa, Geronzi si ritrova sulle spalle due condanne in primo grado per le vicende Cirio e Parmalat-Ciappazzi. Totale: nove anni.

Pil in picchiata, mega stipendi in orbita

In Italia le polemiche sull'entità astronomica della liquidazione versata dalle Generali al suo ex presidente si sono dissolte in una manciata di settimane. Ma siamo certi che in un altro Paese sarebbe finita allo stesso modo? Prendiamo gli Stati Uniti, dove nell'aprile del 2012 la banca statunitense Citicorp si è vista citare in giudizio da un suo azionista che ha chiesto al consiglio di amministrazione un cospicuo risarcimento danni. La ragione? Il compenso, ritenuto eccessivo in considerazione del calo degli utili, corrisposto nel 2011 al *chief executive officer* Vikram Pandit: 15 milioni di dollari, somma inferiore ai due terzi della liquidazione riconosciuta a Geronzi. Una buonuscita decisamente superiore anche allo stipendio annuale dell'amministratore delegato di Goldman Sachs, Lloyd Blankfein (16,2 milioni di dollari), peraltro aumentato del 14,5 per cento rispetto al 2010. Perché i manager della finanza sono sempre più ricchi. Con o senza la crisi, in America come in Italia.

Lo sta a dimostrare uno studio del sindacato bancari della Uil che ha preso in considerazione i risultati di undici fra i principali istituti di credito italiani, secondo cui un amministratore delegato di banca ha guadagnato nel 2011 ben 85 volte il salario medio di un lavoratore. Il rapporto era di oltre 100 a 1 nel 2007, poi con l'esplosione della crisi finanziaria si era ridotto a 62 a 1 nel 2010. Per registrare un nuovo balzo proprio nell'anno in cui quelle undici banche hanno accumulato perdite per 26,3 miliardi, con un peggioramento di 32,6 miliardi del conto economico. L'impennata è stata favorita anche da alcune pesanti liquidazioni, ma il fatto che le retribuzioni dei manager siano cresciute del 36,23 per cento proprio nell'*annus horribilis* della finanza, dà inevitabilmente da pensare. Niente a che vedere, sia chiaro, con i bonus stellari incassati negli anni delle vacche grasse quali sono stati il 2005 e il 2006: quando, per capirci, capi delle banche italiane si sono spartiti qualcosa come 400 milioni di euro oltre lo stipendio. I soli cinque dirigenti di punta di Mediobanca hanno intascato, in quei ventiquattro mesi, 100 milioni di stock option. Mentre Corrado Passera, l'amministratore delegato di Intesa Sanpaolo nominato qualche anno più tardi ministro dello Sviluppo economico, riscuoteva un «jackpot», come lo ha definito Ettore Livini sulla «Repubblica», di 35 milioni. Cifre insensate.

Coup dur pour Bnl *(Grande colpo alla Bnl)*

Al pari delle ricchezze sconfinate accumulate da altri «coraggiosi» capitani d'industria in una delle più spericolate operazioni di Borsa degli ultimi anni che ha avuto come obiettivo la Banca nazionale del lavoro. Nel 2005, per bloccare l'offensiva della spagnola Bbva sull'istituto allora presieduto dall'ex presidente della Confindustria Luigi Abete, un gruppo di imprenditori, finanzieri e affaristi ribattezzato «il contropatto» rastrella il 27 per cento circa delle azioni. Fra la Banca d'Italia e gli uffici di questi disinteressati volontari della difesa a oltranza dell'«italianità» delle banche risuona una sola parola d'ordine: «Non passa lo straniero!». Così, quando per comprare la Bnl si fa avanti l'Unipol, quel gruppo di capitalisti tanto sensibili agli interessi nazionali non si fa impressionare dal fatto che siano le cooperative rosse a offrirsi di salvare il nostro onore. Sono italiane anche loro o no? Tirano tutti un bel respiro di sollievo e sono ben felici di vendere le azioni a Giovanni Consorte.

Il loro patriottico sacrificio è ripagato a peso d'oro. Francesco Gaetano Caltagirone realizza 255 milioni di plusvalenze. Danilo Coppola, 230. Stefano Ricucci, 210. Giuseppe Statuto, 207. I fratelli Ettore e Tiberio Lonati, 105. Giulio Grazioli, 42.

Tra quanti fanno soldi a palate c'è anche un politico in carica. Ossia Vito Bonsignore, europarlamentare dell'Udc poi passato a Forza Italia, già deputato democristiano della corrente andreottiana ed ex sottosegretario al Bilancio nel primo governo di Giuliano Amato, quello della tremenda estate del 1992. L'inchiesta sull'ospedale di Asti, nella quale è rimasto coinvolto all'epoca di Tangentopoli, gli è costata una condanna a due anni. Che tuttavia non ha certo pregiudicato la sua carriera politica né le sue aspirazioni di diventare uno dei maggiori concessionari autostradali dello Stato italiano. Con la Bnl guadagna 180 milioni di euro. E altre plusvalenze milionarie le accumula rivendendo a Emilio Gnutti, uno dei «capitani coraggiosi» della scalata a Telecom che affianca Fiorani nell'assalto all'Antonveneta, azioni della stessa Antonveneta che aveva comprato con soldi presi a prestito dalla banca del medesimo Fiorani. Se facciamo la somma dei soldi intascati grazie all'operazione Bnl senza muovere un dito da questi signori del cosiddetto «contropatto», otteniamo la cifra di un miliardo e 229 milioni. In otto persone: niente male.

«Per il contropatto», commenta l'agenzia Ansa nell'occasione, «Bnl si è rivelata una gallina dalle uova d'oro, consentendo ai suoi componenti di raddoppiare nel complesso il valore dell'investimento iniziale. Una "bellissima operazione", l'ha definita Ettore Lonati. Una operazione che giustifica ampiamente "le due bottiglie di champagne" con cui Giulio Grazioli ha detto che è stato festeggiato l'accordo con Consorte.»

Va detto che le vicende delle scalate bancarie del 2005 hanno originato alcune inchieste giudiziarie. Ai processi che ne sono seguiti i responsabili, condannati in primo grado, sono stati praticamente tutti assolti in appello il 30 maggio del 2012. La Banca nazionale del lavoro, invece, è stata comprata dalla francese Bnp Paribas. Per la serie: «Non passa lo straniero!».

7

I maghi della fuffa

L'Italia, l'unico Paese dove il turismo fa perdere soldi

Davvero non si facevano mancare nulla. Vacanze di Natale a St. Moritz: 22.344 euro, compreso il noleggio di quattro macchine per far arrivare in Svizzera i familiari dall'aeroporto di Malpensa. Audi e Mercedes, mica rugginose Fiat. Una settimanella in beauty farm sul Garda, per tredici. Numero che non ammette superstiziosi. Per rinfrancare lo spirito aziendale, ovvio: altri 22.844 euro. Di tanto in tanto, poi, un weekend con figlia in qualche centro benessere. Per rinfrancare lo spirito familiare, ovvio: 3874 euro. La cassa alla quale attingevano i manager era sempre la stessa, quella della ditta. Come della ditta era anche la carta di credito usata dall'amministratore delegato Arcangelo Felice Taddeo per comprare mobili da un antiquario di Brindisi, gioielli di Bulgari, bijoux di Gucci e Louis Vuitton, vestiti di Versace, Davide Cenci, Loro Piana... Totale in tre anni, secondo i calcoli dei giudici: 97.549 euro.

Se vi siete mai domandati perché un Paese come l'Italia che potrebbe vivere sul turismo non ha mai avuto in questo settore un campione nazionale, troverete parte della risposta nella storia della Cit. Acronimo che sta per Compagnia italiana turismo, un gruppo pubblico privatizzato nel 1996 e in seguito affogato in un buco dalle dimensioni imprecisate: almeno 600 milioni di euro, forse un miliardo. Come sia stato possibile fare un botto simile con il turismo (il turismo!) è spiegato nelle carte dell'inchiesta sulla bancarotta condotta dal sostituto procuratore della Repubblica di Milano Riccardo Targetti. Ma questo, che vi illustreremo in seguito, è soltanto il capitolo finale e più doloroso di una vicenda piena di misteri, che vale la pena di raccontare dall'inizio.

La Compagnia italiana turismo è un'idea del regime fascista. La crea Benito Mussolini nel 1927, con sedi nelle principali città europee. Ci sta: il turismo è già un'industria in espansione e l'Italia è una delle destinazioni internazionali più importanti. Ma un'agenzia di viaggi può essere anche una comoda copertura per altre attività. Lo spionaggio, per esempio. E infatti l'Ovra, la polizia segreta fascista, la utilizza come base anche per tenere sotto controllo i movimenti degli esuli oppositori della dittatura. Gli inglesi, che non hanno l'anello al naso, mangiano la foglia e a un certo punto fanno chiudere la sede di Londra. Nel dopoguerra si torna al core business. Anche se l'odore dei servizi segreti non se ne va mai del tutto. Ed è chiaro che a dispetto delle sedi prestigiose, dalla Galleria di Milano a piazza Esedra a Roma, l'obiettivo di quella agenzia di viaggi *sui generis* non è mai stato fare i soldi. Né durante il regime fascista, né in seguito. Tanto è vero che in settant'anni, dal 1927 al 1996, non ha mai chiuso un solo bilancio in utile. E i politici hanno dato un discreto aiutino per far arrossire i conti. In che modo? Anche Camera e Senato hanno uno sportello Cit, dove i parlamentari si presentano regolarmente a ritirare biglietti aerei e ferroviari, anche personali. «Passerò poi a pagare», dicono tutti. Ma poi, altrettanto regolarmente, si dimenticano di passare. Il tutto, davanti a una sterminata prateria di clientele: assunzioni di favore con stipendi da favola, incarichi faraonici in giro per il mondo agli amici degli amici, poltrone d'oro regalate ai protetti dei boss di partito. Il diluvio di raccomandazioni e regalie non si arresta nemmeno davanti a conti che fanno accapponare la pelle.

Perciò, quando nel 1995 l'amministratore delegato Lorenzo Necci arriva alla conclusione che la baracca va mollata al più presto, c'è chi stappa lo champagne. Non sapendo che cosa si sta preparando.

Cetera, l'eroe licenziato

È a questo punto che salta fuori Calisto Tanzi. Compare attraverso una società che si chiama Itc&P. Controllata da una finanziaria irlandese, era il veicolo con cui Tanzi e Giampietro Donzelli volevano lanciarsi alla grande nel business del turismo che si sarebbe rivelato in seguito uno dei pozzi neri dell'*affaire* Parmalat. Sul significato dell'acronimo Itc&P fioriscono subito leggende. Compresa quella secondo la quale la sigla sta per Intesa Tanzi Cragnotti & partners. Del resto la Itc&P è in effetti azionista (al 2 per cento) della Cragnotti & partners, holding attraverso la quale Cragnotti acquisisce la Cirio. E la stessa sigla compare anche fra i soci della Fisvi, finanziaria delle cooperative agricole, con cui Carlo Saverio Lamiranda compra la Cirio Bertolli De Rica dall'Iri di

Romano Prodi. La Itc&P è gestita da Sergio Piccini, un personaggio chiave: è l'uomo di Tanzi che ha il delicato incarico di gestire i rapporti con il mondo politico. Importante ma sfortunato. Perderà la vita nell'aprile del 2000 in un tragico incidente stradale, dopo essere rimasto coinvolto appena sei mesi prima in un quasi disastro aereo mentre si recava a Parma con altri quattro collaboratori di Tanzi.

Da lungo tempo il patron della Parmalat sta puntando la sgangherata società turistica delle Ferrovie, che ha però una cospicua dote di agenzie. Tanzi comincia a corteggiarla dopo il suo sbarco nel settore turistico, avvenuto all'inizio degli anni Novanta e costellato da una serie di colpi a effetto, come l'acquisizione del Club Vacanze. E il clima sembra assai propizio. Non soltanto perché al vertice delle Ferrovie c'è Necci, potentissimo, che è deciso a concludere. Soprattutto perché alla guida della Cit si trova Stefano Della Pietra, giovane proprietario di un albergo di Maiori, sulla costiera amalfitana, la cui nomina ha fatto molto discutere. Della Pietra è infatti legatissimo all'ex segretario della Dc Ciriaco De Mita: che di Tanzi, dice la vulgata, è il punto di riferimento politico. Insomma, la quadratura del cerchio.

Ma qualcosa non torna. L'operazione è assai più complessa di una semplice vendita: assomiglia tanto a una bella fregatura. Il progetto è il seguente. Si fa una società nuova di zecca: 40 per cento Ferrovie, 40 per cento Tanzi-Donzelli, 20 per cento Banca di Roma. Necci porta in dote la Cit, la coppia Tanzi-Donzelli le attività turistiche della Itc&P e la Banca di Roma mette i soldi. Dai patti parasociali non è affatto difficile intuire che in questo modo Tanzi scaricherà sulle Ferrovie centinaia di miliardi di debiti. Ed è qui che Della Pietra si mette inaspettatamente di traverso. L'unica cosa che ottiene, però, è farsi pagare in contanti dalla società di Tanzi una sessantina di agenzie di viaggio, con un incasso di 36 miliardi. Cifra che consente alla Cit di chiudere in utile per la prima volta nella sua storia. Poi esce di scena e l'operazione comunque va avanti. Per il suo posto, nel consiglio di amministrazione della società costituita con il proprietario della Parmalat e la Banca di Roma, le Ferrovie indicano Roberto Cetera, dirigente che conosce benissimo la Cit per aver diretto la sede di Londra. Una mosca bianca: parla inglese correntemente, è capace e coscienzioso. Se l'obiettivo è quello di far passare l'operazione sotto silenzio, la sua nomina è un errore gravissimo.

Nel frattempo qualcosa succede anche ai piani alti delle Ferrovie. Disarcionato dalle inchieste giudiziarie, Necci viene sostituito da Giancarlo Cimoli. In realtà il ministro del Tesoro Carlo Azeglio Ciampi avrebbe preferito Enrico Bondi, che però si è reso indisponibile. Al suo arrivo Cimoli si trova fra le mani anche questa patata bollente. Bollentissima. A ottobre del 1996, un mese appena dopo il suo insediamento, gli uomini di Tanzi portano in consiglio della società comune con Ferrovie e Banca di Roma la proposta di acquisto di un albergo in Calabria. Nientemeno che l'hotel Baia Paraelios di proprietà dell'architetto Adolfo Salabè, amico di Marianna Scalfaro, figlia del presidente della Repubblica Oscar Luigi Scalfaro, il cui nome è comparso nell'inchiesta sui fondi neri del Sisde. Salabè è sotto inchiesta per i lavori di ristrutturazione di uno stabile del Sisde appaltati alla sua impresa per un prezzo, dice l'accusa, triplo del costo reale. La cosa finirà in prescrizione per lui, il direttore del servizio segreto Riccardo Mapica e il funzionario Maurizio Broccoletti. Con disappunto del legale Titta Madia: «Se avessimo celebrato il processo avremmo provato in modo incontrovertibile la correttezza di Salabè nei rapporti con il Sisde e la congruità dei prezzi. Purtroppo è intervenuta la prescrizione». Purtroppo. Per fortuna, invece, l'acquisto dell'albergo dell'architetto sfuma.

Il Baia Paraelios costa 20 miliardi. Il fatto, però, è che sull'immobile gravavano imposizioni fiscali per altrettanti denari. Il conto, dunque, raddoppia. Cetera pianta una grana. E la faccenda arriva rapidamente all'orecchio del ministro dei Trasporti Claudio Burlando, che ferma le macchine. Due mesi più tardi le Ferrovie e Tanzi divorziano e la società in comune si scioglie.

L'amministratore delegato Nicola Catelli viene ingaggiato dalla Banca di Roma come direttore centrale. E Cetera? Dovrebbero decorarlo. Invece, forse per ringraziamento, viene a lungo emarginato. Finirà licenziato a Natale del 2010 dopo un esilio in Turchia. Nelle Ferrovie dell'amministratore delegato Mario Moretti non c'è più posto per lui. Nel 2012 insegna religione in una scuola media.

Il crac del secolo

Ma l'avventura turistica di Calisto non si arresta. Ingoia Comitours, il gruppo Ausiliare, Going, Chiariva...

Precipita tutto in un gigantesco buco nero. Quando la Parmalat fa crac, si scopre che a scavare quel baratro da 14 miliardi di euro nel quale si sta inabissando la più grande impresa alimentare d'Italia ha dato un bel contributo, per incredibile che possa sembrare, anche il turismo. Fin dall'inizio, e ben oltre i limiti del regolamento. Scrive il 2 luglio 2009 sulla «Repubblica» Silvio Marvisi: «Cataldo Sgarangella, luogotenente della Guardia di Finanza di Bologna, racconta come a indicare la struttura societaria ideale è Nicola Catelli che studia un sistema per gestire dall'estero il gruppo del turismo. Viene utilizzata la Itc&P, acquisita dalle consociate estere del turismo riconducibili ai Tanzi tramite un giro di fatturazioni. La nuova holding già utilizzata per le privatizzazioni del gruppo Sme, per la cessione di Cirio e Bertolli, finisce così in mano al settore del turismo legato a Collecchio. Nel 1992 iniziano le acquisizioni dei grandi marchi come Vacanze Vip e Club Vacanze Milano mentre Parmalat avrebbe già avuto necessità di denaro fresco».

La Itc&P l'anno successivo assorbe tutte le società del gruppo turismo che le vengono trasferite a costo zero mentre poco dopo avrà necessità di un finanziamento da parte del Banco di Napoli International per 50 miliardi di lire a causa di un'ulteriore operazione da 64,5 miliardi di lire con la Cit. Si vedrà poi che Parmalat distrarrà denaro dal bilancio per poter chiudere quel finanziamento. Il primo a parlare dei fondi neri è Nicola Catelli. Nei suoi appunti racconta dei movimenti di società fino a scrivere una lettera, l'11 maggio 1994, in cui parla di «Fuffa» (crediti inesigibili) per 70 miliardi ma poi dice di più: «Il buco del settore turismo è di oltre 100 miliardi di lire con un aggravio economico annuo. Le operazioni a bilancio non tengono conto dei finanziamenti di comodo per 20 miliardi di lire».

Dal calderone salta fuori di tutto: persino un fondo di 2,4 milioni per offrire viaggi gratis a politici e vip di vario genere. «Spese di rappresentanza», riporta il bilancio. La Parmatour, così è stata battezzata la holding turistica del gruppo, divora milioni a ritmi insensati in un vorticoso giro di fatture, assegni, fidejussioni. L'indebitamento è astronomico. Ottocento, novecento milioni: chi è in grado di dirlo con esattezza? Per la vicenda Parmalat Francesca Tanzi, alla quale il padre Calisto aveva affidato il turismo, patteggia tre anni e cinque mesi. Incredula: «Sapevo che Parmatour andava male. Ma di bilanci e di conti non capivo nulla. Sopra di me c'è sempre stato un amministratore delegato. Io dovevo solo far funzionare gli alberghi e i villaggi. Volevo fare la geologa, la restauratrice, non entrare nel turismo». Il 20 dicembre 2011 il tribunale condanna Calisto Tanzi in primo grado per il crac Parmatour a nove anni e due mesi.

La follia della Cit

Torniamo alla Cit. Archiviata quella joint venture con il gruppo Parmalat che non si sarebbe mai dovuta fare, rimane il problema di una baracca che perde un sacco di soldi ed è solo fonte di guai. «Si fa un'asta pubblica», decide allora Cimoli. Ma si presenta solo un concorrente. Praticamente sconosciuto. È il varesino di Cassano Valcuvia Gianvittorio Gandolfi, un commerciante di elettrodomestici usati che ha fatto fortuna trafficando con i Paesi in via di sviluppo, e adesso vuole allargare i suoi orizzonti a un nuovo business: il turismo. La sua offerta però non viene ritenuta congrua e si ricomincia.

A quel punto si fanno avanti in tre, e la busta di Gandolfi è la più gonfia. Ci sono dentro 61 miliardi e 461 milioni di lire. Si brinda. Sorgono però alcuni problemini. Il primo, quasi subito. La cessione alla società Progetto Italiano di Gandolfi avviene materialmente il 22 luglio 1998, ma sulla base dei valori patrimoniali stimati al 30 settembre 1997. Siccome nel frattempo ci sono state altre perdite, ecco che il prezzo di vendita viene rettificato di ben 22 miliardi e 76 milioni: scendendo così a 39 miliardi e 385 milioni. Non basta. Successivamente Gandolfi muove altre contestazioni. Da lì nasce un curiosissimo arbitrato che si concluderà, incredibilmente, nel 2005. Costringendo le Ferrovie a restituire altri 5 milioni e 919.000 euro. Con il risultato che dagli iniziali 61,4 miliardi, pari a 31 milioni e 742.000 euro, l'incasso si riduce ad appena 14 milioni e 422.000 euro. Briciole. Ma la beffa più grande per Cimoli è che pochi mesi dopo aver comprato la Cit l'acquirente vende la consociata inglese Cit Holidays Ltd per il controvalore di circa 25 milioni di euro. Una decina di milioni in più rispetto a quanto le Ferrovie ricavano per la cessione dell'intero gruppo. Con quella operazione Gandolfi restituisce al Mediocredito Lombardo i soldi che la banca del gruppo Intesa gli ha prestato per comprare la società delle Fs.

Presidente dell'istituto è in quel momento un altro varesino: Giuseppe Vimercati. Presto lo ritroveremo alla testa del consiglio di amministrazione della holding turistica, con incarichi in varie società del gruppo. Ma il presidente della banca che ha finanziato l'operazione ha in tasca anche un bel pacchettino di azioni Cit: 105.000. E già questo suona strano.

Gandolfi parte in quarta. Il suo slogan è: «Un'assunzione al giorno». Dice di voler costruire intorno alla Cit il più grande polo turistico nazionale. Aggancia i francesi della Accor. Compra la società Italiatour dall'Alitalia, già ampiamente boccheggiante. E si quota in Borsa, al mercato ristretto. Le cose, però, non vanno come dovrebbero andare. A novembre del 2003, da «un'assunzione al giorno» si passa alla mobilità per 173 dipendenti.

Il 30 giugno 2004 i debiti raggiungono 224 milioni e il patrimonio netto è negativo per 4,8 milioni. Lo stato di cose è tale che la società di revisione Ernst & Young non certifica il bilancio semestrale consolidato. Nella relazione di cinque pagine che porta la data del 20 ottobre descrive uno scenario allucinante. Si racconta, per esempio, che la Cit ha dovuto riacquistare dalla sua controllante Progetto Italiano una serie di immobili che le aveva ceduto l'anno precedente allo scopo di alleggerire la posizione debitoria. Piccolo particolare: Progetto Italiano non aveva i soldi. Così, invece di migliorare i conti, la «tensione finanziaria già esistente» aumenta ancora. I certificatori sottolineano l'«elevato ammontare di debiti di natura tributaria, commerciale e previdenziale, con termini scaduti e in presenza di richieste di rientro delle linee di affidamento bancario». Mentre anche le società estere versano in uno stato comatoso. La francese Cit Voyages è in amministrazione controllata, e fra le altre società straniere del gruppo «solo Cit Australia appare, allo stato, in grado di proseguire l'attività senza ricorso a interventi finanziari».

Il paracadute (di Berlusconi) non si apre

Una situazione delicatissima, ma ignorata da chi sta addirittura preparando la quotazione in piazza Affari, sul mercato principale. E che diventerà sempre più delicata, a dispetto delle svariate presunte assicurazioni sulla vita che Gandolfi ha nel frattempo attivato. Cominciando dal coinvolgimento di tante figure vicine al presidente del Consiglio Berlusconi. Come il tunisino Tarak Ben Ammar, arrivato in Fininvest con lo sceicco Al Walid, o il capo dei servizi fiscali della holding del Cavaliere, Salvatore Sciascia, condannato per tangenti alla Guardia di Finanza, che sarà in seguito nominato senatore. Fra i soci di minoranza, accanto a Vimercati e al padrone del Varese calcio Gerolamo Bernareggi, compare anche Candia Camaggi, ex moglie del cugino di Berlusconi, Giancarlo Foscale, nonché responsabile della Fininvest di Massagno, in Svizzera. E con loro Luca Danese, nipote di Giulio Andreotti: possiede 24.000 azioni. Eletto nel 1996 alla Camera nelle liste di Forza Italia, passa all'Udeur e ha l'incarico di sottosegretario ai Trasporti, ministero che vigila su Alitalia e Ferrovie. Quando Gandolfi compra dalla compagnia di bandiera Italiatour, ne diventa presidente. Scelta alquanto antiestetica.

Per salvare il salvabile scende in campo anche Umberto Livolsi, il banchiere d'affari considerato più vicino a Berlusconi. È l'artefice della quotazione in Borsa di Mediaset. Ma nemmeno lui può fare miracoli. Falliscono anche i tentativi di rianimare la Cit con robuste iniezioni di denaro pubblico attraverso alcuni contratti di programma. Si arriva perfino a finanziare un progetto di turismo «religioso», con la costruzione di un surreale villaggio turistico a Pietrelcina, paese natale di Padre Pio: inutile dire che non verrà posato nemmeno un mattone.

Non resta che l'opzione estrema. Far comprare tutto allo Stato. Le pressioni della presidenza del Consiglio per far intervenire Sviluppo Italia sono fortissime. Per il sottosegretario alla presidenza del Consiglio Gianni Letta, il salvataggio della Cit sembra diventata l'occupazione principale. L'idea si rivela però impraticabile. Ecco allora profilarsi la sagoma di un cavaliere bianco. Venato d'azzurro. È Benito Benedini, già presidente di Assolombarda, berlusconiano a quattro ruote motrici con un solo neo: è interista. La rogna della Cit, fa sapere, è disposto a prendersela lui. Soltanto, per rilevare il 44,5 per cento, chiede un «aiutino» statale. E fedele al piano di risanamento che porta il marchio dell'onnipresente Livolsi, elenca. Primo: 270 milioni di euro a fondo perduto per costruire villaggi e alberghi secondo vecchi impegni ministeriali. Secondo: 10 milioni dal fondo imprese in crisi. Terzo: 65 milioni di fidejussioni per aver un prestito ponte dalle banche. Quarto: una partecipazione del 30 per cento nel capitale, pari a 15 milioni, di Sviluppo Italia. Quinto: l'abbuono da parte di Alitalia e Ferrovie dell'80 per cento dei crediti vantati per i biglietti mai pagati, altri 20 milioni. E Benedini, di tasca sua, quanto caccerebbe? Presto detto: 35 milioni per i piccoli creditori e 5 per Alitalia e Ferrovie. Il tutto in tre anni, con calma.

Ma anche a voler grattare il fondo del barile, i 380 milioni di cui i contribuenti dovrebbero farsi carico non si trovano. Il commissariamento resta l'unica dolorosa via d'uscita.

Nel 2006 il ministro per le Attività produttive Claudio Scajola affida la pratica al fedelissimo Ignazio Abrignani, capo della sua segreteria tecnica. Finché il successore di Scajola, Pier Luigi Bersani, lo sostituisce con Antonio Nuzzo. E scoppia una guerra a colpi di ricorsi che finisce soltanto perché Abrignani si candida al Parlamento. A marzo del 2008 Nuzzo vende la Cit al gruppo che fa capo a un giovane imprenditore turistico salernitano proprietario del Pescara calcio. Si chiama Gerardo Soglia, e nel momento in cui firma l'atto di acquisto di quel che resta del gruppo appartenuto a Gandolfi è candidato del Pdl alla Camera. Come l'ex commissario Abrignani. Diventa deputato un mese dopo aver comprato la Cit.

Chi pensa che la telenovela sia finita, tuttavia, si sbaglia di grosso. I dipendenti della Compagnia italiana turismo finiscono in carico al gruppo Soglia, che a sua volta sta per entrare in crisi. Il patrimonio immobiliare prende invece un'altra strada. Viene collocato in una società veicolo, Sistema vacanze, costituita appena una settimana prima dell'acquisto della Cit. Passa la primavera e passa anche l'estate. Finché, alla fine di settembre 2008, il 90 per cento di Sistema vacanze cambia padrone. La compra una società che si chiama Morera srl, nata sei mesi prima. Stesso giorno e stesso notaio di Sistema vacanze. E a chi appartiene? La controlla Valore reale, un fondo immobiliare di cui sono azionisti l'ex manager della Montedison Stefano Meloni, con le famiglie Brivio Sforza, Radice Fossati, Manuli, Canova, Chidini e Cosenza. Quest'ultima partecipa al fondo attraverso la società Light, di cui è azionista al 19 per cento Giulia Cosenza: anche lei parlamentare dall'aprile 2008. E per il medesimo partito di Soglia, Abrignani e Scajola, il quale intanto ha fatto ritorno al ministero. La Cit si dissolve così. Ma non senza strascichi clamorosi: una inchiesta della procura della Repubblica di Milano, condotta anche sulla base delle relazioni del commissario Nuzzo, che scoperchia la cloaca.

Porsche e Ferrari per i dirigenti

Il buco «certo» è di 535 milioni. Fra chi pretende soldi dalla Cit, ironia della sorte, c'è anche Livolsi. Vuole 600.000 euro per le consulenze che non gli sarebbero state mai pagate. Ma in quel pandemonio ci sono senza dubbio altre sorprese.

«Da subito», scrive il pubblico ministero Riccardo Targetti, nel documento conclusivo delle indagini, «si iniziava a sottrarre liquidità al gruppo, tramite operazioni distrattive e dissipatorie, pagando fatture per operazioni inesistenti e con altri mezzi illeciti e con ciò convogliando verso terze economie, senza ragione aziendale alcuna, le risorse finanziarie generate dalla vendita di pacchetti viaggi, biglietti aerei e ferroviari e di soggiorni presso i villaggi turistici, dall'indebitamento bancario e dalle sovvenzioni a fondo perduto ottenute dallo Stato.» Un elenco sterminato, dove ogni voce racconta una storia incredibile. Come gli «acquisti disastrosi», costati nel marzo 2002 ben 14 milioni di euro, di tre tour operator in Svizzera, Belgio e Olanda, che nel giro di tre anni saltano per aria. O la vendita insensata al gruppo Louis Vuitton dell'agenzia nella Galleria Vittorio Emanuele a Milano, una delle poche redditizie. Oppure la folle acquisizione a un prezzo di oltre 9 milioni, il 12 maggio 2003, di Italiatour: fallita due anni più tardi. E gli assurdi progetti di villaggi turistici a Scanzano Jonico e, come abbiamo visto, a Pietrelcina, per cui lo Stato anticipa 37 milioni e mezzo: soldi utilizzati non per costruire ma per tappare inutilmente i buchi o pagare «*management fees*» (?!?).

Una pioggerellina fitta e incessante di pagamenti fittizi, fatture inesistenti, consulenze ridicole, mentre i dirigenti circolavano con Porsche, Ferrari e Lamborghini. Qualche chicca? Euro 41.702 per l'affitto di un appartamento in via di Parione, nel centro di Roma a due passi dal Pantheon, dove alloggia una certa Laura Sanchez, «persona del tutto estranea al gruppo». Euro 103.701 per un altro appartamento in via del Corso, occupato da Elisabetta Reggio, «ufficialmente responsabile per le pubbliche relazioni del gruppo». Euro 137.387 per un terzo appartamento nelle vicinanze di piazza San Pietro nella disponibilità dell'amministratore delegato Taddeo, «senza alcuna necessità e interesse per il gruppo». Euro 19.419 per una «consulenza relativa a regali natalizi e omaggi ai clienti» a Enrica Aresi, moglie di Gandolfi. Euro 62.078 necessari a pagare una penale per la risoluzione anticipata di un contratto d'affitto di un immobile a Luino, di proprietà di una società del medesimo Gandolfi. Cioè, Gandolfi affitta a se stesso un immobile di sua proprietà, poi però risolve il contratto con se stesso e paga sempre a se stesso una penale profumata. Ingegnoso.

Ancora? Euro 260.892 «per inesistente consulenza su contenziosi in Israele». Euro 174.733 «per inesistente assistenza alla filiale Cit in Uruguay». Euro 80.567 per «nostra assistenza e segnalazione di acquisizione di immobile sito in via Sanvito Silvestro a Varese». Euro 63.524 «per la creazione di un sito internet con sviluppo grafico; prestazione già resa da soggetto terzo e regolarmente pagata». Euro 333.185 «per l'acquisto di orologi e argenteria varia» in una gioielleria di Carovigno.

I terreni dell'onorevole Mele

Che cos'è Carovigno? Un paesone di quasi 16.000 abitanti in provincia di Brindisi che in questa storia ha inconsapevolmente un ruolo di rilievo. Perché è da lì che viene l'architetto Arcangelo Felice Taddeo, l'amministratore delegato della Cit di cui si è parlato all'inizio di questo capitolo. A Carovigno fa il tecnico comunale, e come faccia ad arrivare al vertice di quella che all'inizio degli anni Zero dovrebbe essere la più grande impresa turistica italiana, è francamente un mistero. C'è pure chi crede di cogliere un indizio nella circostanza che il nome di Taddeo compaia nel comitato promotore della Fondazione

Ideazione presieduta dall'ex sindaco di Brindisi Domenico Mennitti, già esponente del Movimento sociale e di Forza Italia. Ma è una forzatura evidente. Fatto sta che Taddeo diventa a un certo punto il personaggio chiave, quello in grado di portare a casa i famosi contratti di programma pieni zeppi di denari pubblici. A Carovigno, nella frazione Torre Santa Sabina, la Cit ha anche un villaggio turistico. Confinante con un terreno di proprietà di una società che si chiama Residence Paradise. Principale azionista, nonché amministratore unico, Cosimo Mele. Ricordate quel signore pizzicato in un festino hard a base di escort e cocaina in una suite di un albergo romano, nel luglio 2007, quando era parlamentare del cattolicissimo partito Udc? Proprio lui. Il suo terreno viene usato dal villaggio Cit d'estate come parcheggio, in cambio di un certo numero di giornate di soggiorno di cui beneficiano persone indicate dallo stesso Mele. Questo in attesa che si sblocchi l'ennesimo contratto di programma che la Cit ha chiesto allo Stato per Carovigno. Accordo nel quale rientrano anche i terreni del deputato centrista che dovrebbero essere acquistati dal gruppo turistico. Ma la cosa poi non va in porto. E si arena pure la società Progetto Sud che era stata costituita a fine 1997 a Carovigno: 95 per cento Cit, 5 per cento onorevole Cosimo Mele.

Fate ricomprare la Valtur allo Stato

Non possiamo sapere come sarebbe andata a finire se Sviluppo Italia avesse comprato tutto. Siccome però il lupo perde il pelo ma non il vizio, ecco che il copione si ripete. Questa volta con la Valtur.

Eppure Sviluppo Italia ha già dato, eccome. Un bel giorno, per esempio, ci si mette in testa che quella società del Tesoro deve continuare a fare lo stesso mestiere che faceva la Insud, contenitore della vecchia Cassa per il Mezzogiorno creato con il presupposto di sostenere le iniziative turistiche nelle regioni meridionali, rivelatosi in realtà il solito comodo mezzo per pubblicizzare le perdite e privatizzare i profitti. Nasce così, nel 2003, Italia Turismo. Nell'aprile 2005 Sviluppo Italia ne cede il 49 per cento per 77 milioni (di cui solo 28 vengono pagati subito, il resto dilazionato in comode rate) a una cordata privata composta da Ifil, Banca Intesa ed Emma Marcegaglia, allora vice di Luca di Montezemolo in Confindustria. L'affare sembra appetitoso, grazie soprattutto a 40 milioni di euro di contributi pubblici per nuovi villaggi turistici meridionali. Salvo poi scoprire la verità quando arriva il nuovo amministratore delegato di Sviluppo Italia, Domenico Arcuri. I ricavi di Italia Turismo, limitati agli affitti spesso molto favorevoli pagati dai gestori dei villaggi, sono ridicoli. Non così le spese. L'emolumento del presidente, il senatore leghista Dario Fruscio, è di 200.000 euro l'anno. In sette anni, dal 2003 al 2009, non si è chiuso un solo bilancio in attivo: il rosso accumulato è di 12 milioni. Non resta che trarne le debite conclusioni. Nel 2010 i soci privati escono di scena e il loro posto lo prende una società del Tesoro, Fintecna immobiliare.

Potrebbe già bastare. Invece i politici non demordono. Ancora non hanno del tutto digerito la sconfitta incassata con la Cit, che cercano di appioppare a Invitalia (questo il nome con cui nel frattempo è stata ribattezzata Sviluppo Italia), anche la Valtur. È una vecchia conoscenza dello Stato che negli anni Ottanta ne è azionista attraverso la già menzionata Insud. Nel 1998 la maggioranza è nelle mani del gruppo bancario Sanpaolo di Torino, da cui compra Carmelo Patti, proprietario di una ditta fornitrice della Fiat, la Cablelettra. Il prezzo sembra spropositato: 304 miliardi di lire. Sviluppo Italia, che dalla Insud ha ereditato una quota di minoranza del 30 per cento, regge ancora tre anni, sborsando anche una quarantina di miliardi per ricapitalizzare la ditta. Poi vende anch'essa a Patti, per 18,6 milioni di euro. Non prima, però, di aver concesso una garanzia su un finanziamento erogato alla Valtur dalla Banca di Roma per comprare un villaggio. Garanzia piuttosto curiosa: pur essendo socio di minoranza, si impegna a pagare le rate eventualmente non onorate. E dieci anni dopo, puntualmente, quelli di UniCredit, che ha assorbito la Banca di Roma, bussano alla porta: vogliono 16 milioni. Le rate, come volevasi dimostrare, sono insolute.

La situazione patrimoniale al 31 ottobre del 2010 fa venire i brividi. I debiti «ufficiali» ammontano a 358 milioni, il doppio del fatturato. Come ci si è arrivati? Acquisizioni a prezzi fuori mercato. Errori strategici: basta pensare che a un certo punto la Valtur compra una nave da crociera. Ma anche, evidentemente, una gestione non priva di pecche. La verità è che la società del turismo scricchiola da un bel po'. Né va molto meglio, a quanto pare, l'azienda fornitrice della Fiat, che infatti nel 2009 finisce commissariata. Nell'estate del 2011 verrà rilevata dai giapponesi della Yazaki.

Per uscirne, Carmelo Patti le tenta tutte, e l'obiettivo è chiaro: far intervenire lo Stato. Nel Palazzo ha ottime amicizie. Intanto il Cavaliere e Gianni Letta. Il ministro Scajola e il solito Abrignani. E poi i numerosi esponenti politici siciliani, da Angelino Alfano all'ex sottosegretario all'Interno Antonio D'Alì. I rapporti fra la famiglia Patti e il governo Berlusconi sono così solidi che quando c'è da nominare il presidente di Promuovi Italia, società del settore turistico che distribuisce sussidi alle imprese e fa capo al ministero dello Sviluppo di Scajola, ecco pronta la poltrona per Maria Concetta Patti, amministratore delegato della Valtur e figlia di Carmelo. Che la sua azienda sia fra i destinatari di quei sussidi, è una trascurabile quisquilia.

In un simile contesto dovrebbe essere uno scherzo far salvare l'azienda, che ormai annaspa, da Invitalia. Le pressioni su Arcuri sono tremende da mesi. Per far avere un po' di ossigeno a Patti hanno cercato anche di convincerlo a comprare un villaggio, per 42 milioni di euro: ma lui gli oppone una perizia indipendente secondo cui quell'immobile non vale più di 24 milioni e para il colpo. Non scherzano nemmeno le pressioni su Fintecna, che è azionista di minoranza di quella Italia Turismo di cui sopra, veicolo già individuato per il salvataggio. Ma pure l'amministratore delegato di Fintecna, Massimo Varazzani, fa il muro di gomma. E siamo all'epilogo. Come nel caso della Cit, non c'è che una soluzione. Ovvero, il commissariamento. Che si consuma in un clima a dir poco mefitico. Nelle settimane che seguono quella decisione si fanno circolare nelle redazioni dei giornali delle carte tese a dimostrare come Arcuri, l'uomo che si è rifiutato di salvare l'azienda di Patti con i soldi pubblici, durante il Natale 2009 ha soggiornato gratis con la famiglia nel villaggio Valtur alle Mauritius. I documenti bancari danno però una versione diversa e sconcertante. Perché non solo l'amministratore delegato di Invitalia ha pagato la vacanza alla partenza, con un bonifico. Ma ha pure pagato un'altra volta, con un secondo bonifico, dando istruzioni alla sua banca per telefono dalle Mauritius, dopo aver scoperto che la Valtur aveva fatto riaccreditare il costo del soggiorno sul suo conto corrente.

Se fallisce anche Palenzona

Il 18 ottobre 2011, un mese prima che Berlusconi lasci il posto a Mario Monti, vengono nominati ben tre commissari straordinari. La ragione è imperscrutabile. Si sa però che Daniele Discepolo è talmente ben voluto dal ministro Paolo Romani, da essere nominato addirittura per decreto suo consigliere per le amministrazioni straordinarie. Che Stefano Coen è professionista tenuto in ottima considerazione da Gianni Letta. E si sa pure che Andrea Gemma è parente di quel Sergio Gemma che fino al 2002 era stato presidente del collegio sindacale della Valtur. Questo commissariamento non ha, insomma, l'aria di uno sgarbo a Patti.

Di portata ben diversa è il siluro che gli arriva invece da Palermo. A marzo 2012 la Direzione investigativa antimafia di Palermo ha chiesto il sequestro di tutti i beni di Patti. Ha rivelato Salvo Palazzolo sull'edizione palermitana della «Repubblica» che l'accusa mossa nei suoi confronti è pesantissima: quella di essere nientemeno che il referente di Matteo Messina Denaro, ritenuto dagli inquirenti uno dei capi di Cosa Nostra. Anche lui di Castelvetrano. Gli investigatori aggiungono di aver riscontrato «una inquietante sperequazione fra redditi e investimenti», tanto da formulare al tribunale una richiesta spettacolare: 5 miliardi di euro. Questo il valore dei beni da sequestrare. E per il momento la vicenda si interrompe qui.

Poche settimane dopo il commissariamento della Valtur, alla vigilia di Natale del 2011, anche la famiglia Agnelli esce dal turismo: vende a due fondi di private equity, Wise sgr e J. Hirsch & Co., il controllo di Alpitour, che aveva conquistato nel 2001.

Poche settimane prima, invece, il tribunale di Milano decreta il fallimento della Norman95. I giudici parlano di un crac da 50 milioni. È una società che fa capo alla famiglia di Massimo Cimatti, con l'ambizione di creare un grande «polo turistico nazionale». C'è di mezzo, con un cip, anche Salvatore Ligresti che sceglie la Norman95 come advisor per la vendita di 93 immobili di Fondiaria-Sai, fra cui c'è anche il cinema Teatro della Compagnia a Firenze. Nel 2004 si quota alla Borsa di Londra e l'anno seguente annuncia un accordo con Muhammar Gheddafi per costruire un complesso turistico sul mare, a un centinaio di chilometri da Tripoli. Valore dichiarato dell'investimento: 300 milioni. Hotel a cinque stelle, un'oasi di 70 tende in stile berbero dotate di ogni comfort, ville galleggianti sull'acqua, campo da golf e porto turistico. Nel 2006 stringe un patto con Eurotravel e Gladstone e punta senza successo alla Cit, appena commissariata. Poi salta fuori la gestione dell'autodromo di Imola. E siamo agli sgoccioli. Si vorrebbe risolvere la faccenda con un concordato, gestito da una società appositamente costituita. È la Concilium di Vittorio Farina, proprietario della Ilte e amico di Luigi Bisignani. Ne fanno parte anche la Fondazione Cassa di risparmio di Alessandria e Orione, una società della Fondazione Cassa di risparmio di Torino. Inizialmente il tribunale dà il via libera all'operazione. Poi ci ripensa e dichiara il fallimento, avendo odorato un conflitto d'interessi. Secondo la ricostruzione della «Repubblica», il direttore d'orchestra del salvataggio pilotato è un personaggio che abbiamo già incontrato in precedenza. Ovvero Fabrizio Palenzona, vicepresidente di UniCredit: banca verso cui la società fallita è fortemente esposta. La tesi ha una sua logica. Per otto anni è stato lui il numero due di Norman95, vicepresidente. Come mai? Elementare: dopo essere stato per dieci anni presidente della Provincia alessandrina, dal 2004 Palenzona è anche consigliere di amministrazione della Fondazione Cassa di risparmio di Alessandria. Cioè il secondo azionista di Norman95. Gli mancava solo questo.

8

Il lupo a guardia del gregge

Speculatori e affaristi dilagano.
Grazie a una classe politica locale indecente e collusa

«Il lupo a guardia del gregge», parole sue, è Roberto Carlino. Romano de Roma, tentativo di riporto a sottolineare una calvizie da tempo acclarata, ha azzeccato uno slogan indimenticabile: «Non vende sogni, ma solide realtà». Fa l'agente immobiliare. Ma rispetto ai suoi colleghi ha decisamente una marcia in più.

L'ultima «perla firmata da Immobildream», come dice la pubblicità comparsa sui giornali, è un anonimo condominio con «porte interne in essenze pregiate», «gestione energetica intelligente» e «videocitofono a colori» dalle parti della Laurentina, estrema periferia di Roma. Prezzi a partire da 195.000 euro per due stanze, ma sono anche disponibili «splendidi attici con ampie terrazze panoramiche». Non è purtroppo l'unico oltraggio all'architettura e al paesaggio che la capitale d'Italia è costretta a subire. L'aggressione dei palazzinari continua imperterrita dagli anni Cinquanta. A dispetto di una città ormai informe, con il cemento arrivato a coprire nel 2012 il 20 per cento della superficie comunale, mentre un altro 20 per cento è occupato da auto in sosta o in movimento. A dispetto di servizi e infrastrutture inesistenti, con 36 chilometri di linee metropolitane contro i 400 di Berlino e i 200 di Parigi e persino i 39 di Bilbao. A dispetto di un ambiente devastato, da non sapere più nemmeno dove mettere le migliaia di tonnellate di rifiuti che si producono ogni giorno. Un'aggressione sempre più estesa, sempre più violenta, sempre più arrogante. Favorita da una classe politica locale in decomposizione: emanazione diretta, in qualche caso, della stessa speculazione edilizia che sbrana il territorio.

Se Roberto Carlino siede nel consiglio regionale del Lazio è perché qualcuno l'ha votato. Non ci piove. Ma che sia altrettanto normale mettere alla presidenza della Commissione Ambiente, cioè quella competente per le politiche del territorio, un agente immobiliare con rilevanti interessi economici nella stessa Regione, questo proprio no. Anche lui ne è cosciente, se un giorno gli è uscita in privato questa fulminante battuta: «Hanno messo er lupo a guardia der gregge». E qui i cittadini non c'entrano nulla. Come non hanno deciso loro che il medesimo Roberto Carlino, oltre a presiedere la Commissione Ambiente, avesse anche un posto nella Commissione Urbanistica. Senza che nessuno, nel suo partito o nella sua coalizione, fosse colto dal minimo dubbio circa l'opportunità di una tale orrenda sovrapposizione di ruoli. Del resto, alla presidenza della stessa Commissione Urbanistica non è stato forse spedito Roberto Buonasorte, titolare dell'impresa di costruzioni Dimore & Dintorni? Una ditta minuscola, a giudicare dai bilanci. Ma il conflitto d'interessi, è sicuro, non si pesa a chili.

Va detto che la passione politica di mister Immobildream non è cosa di oggi. Già nel 1997 lo troviamo al fianco del candidato forzista al Comune di

Roma, Pierluigi Borghini: è il suo «consulente edilizio». Chi meglio di lui?

L'anno seguente eccolo nell'esecutivo romano di Forza Italia, impegnato nella campagna per il ballottaggio alla Provincia. Tre anni dopo, si presenta alle elezioni comunali. Nel 2004, finalmente, una poltrona: entra nel consiglio regionale del Lazio al posto di Alfredo Antoniozzi, vincitore di un seggio al Parlamento di Strasburgo.

Poi, improvvisamente, scoppia il feeling con Casini. Arriva allora la candidatura alle elezioni europee nel 2009 per le liste dell'Udc. Lui, l'uomo che «non vende sogni ma solide realtà», conia un nuovo slogan per l'occasione: «Uno Di Casa». Folgorante, ma non basta. Allora riprova nel 2010 con il più abbordabile consiglio regionale del Lazio, e stavolta ce la fa. Ovviamente con l'Udc. È il partito nel quale milita, guarda caso, anche l'assessore all'Urbanistica Luciano Ciocchetti. Il partito, soprattutto, di Pier Ferdinando Casini, coniugato con Azzurra Caltagirone, figlia di Francesco Gaetano Caltagirone. Costruttore alla cui famiglia l'agente immobiliare del quale stiamo parlando è legato da un solido rapporto d'affari. Nel catalogo Immobildream ci sono le palazzine edificate da Imprese Caltagirone, le case del Quartiere Caltagirone a Malafede, gli appartamenti di Case e Campi costruiti dalla Borea 89 Uno di Leonardo Caltagirone: il centro residenziale si trova, come ricorda il sito internet Linkiesta, «subito a ridosso del parco naturale dell'Insugherata [materia per la Commissione Ambiente, NdA]».

Da non trascurare, inoltre, una traccia societaria che sottolinea lo spessore dei rapporti fra Carlino e il più ricco dei fratelli Caltagirone: quel Francesco Gaetano che è fra l'altro editore del «Messaggero» e del «Mattino», azionista dell'Acea, proprietario della Cementir. L'impronta si chiama Finstrada, impresa di costruzioni di cui Immobildream controlla un terzo del capitale. I rimanenti due terzi sono posseduti dalla società Ammiraglio Bergamini. È un'altra immobiliare della quale risulta proprietario al 50 per cento Massimiliano Capece Minutolo Del Sasso, figura piuttosto conosciuta nel mondo del Caltagirone più importante. Non per nulla siede nei consigli di amministrazione di Caltagirone spa, Immobiliare Caltagirone, Fincal, Vianini Lavori e Cementir. Come pure in quello di Grandi Stazioni, società fra le Ferrovie dello Stato e un gruppo di tre privati: Francesco Gaetano Caltagirone, Pirelli e famiglia Benetton. E in passato, fra le varie poltrone, ne ha avuta una anche al Monte dei Paschi di Siena, banca di cui Francesco Gaetano Caltagirone era importante azionista.

Mister Immobildream è dunque la Quinta colonna dei costruttori nel consiglio regionale del Lazio, lì dove si approvano i piani casa, le leggi urbanistiche, i piani regolatori? Difficile credere che i costruttori laziali abbiano bisogno di Quinte colonne alla Pisana, dove ha sede la Regione. Lì hanno un'autostrada spianata.

Cubature anche per Sua eminenza

La dimostrazione? Nell'ottobre del 2011, poco prima di levare le tende, perfino il governo Berlusconi, quello che aveva voluto la nuova colata di cemento sull'Italia consentendo uno scriteriato ampliamento del 20 per cento delle cubature residenziali, ha dovuto impugnare il piano casa del Lazio. Impossibile, secondo il ministro dei Beni culturali Giancarlo Galan, derogare ai divieti paesaggistici e alle norme sulle zone archeologiche. Per non dire dei silenzi-assensi sui condoni per gli abusi nelle aree vincolate. Ma nemmeno l'impugnativa, e la successiva sentenza della Corte costituzionale che ha costretto la giunta di Renata Polverini a rifare il piano, è riuscita a domare la furia edificatoria della Regione. Mentre i Pierini di Sinistra ecologia e libertà sbraitavano («Vogliono trasformare i teatri in centri commerciali!»), il consiglio regionale aggiungeva nottetempo una norma che permette alla Chiesa di costruire residenze e locali commerciali per una volumetria pari a quella delle opere religiose. Per la felicità di Ciocchetti e del suo partito, ipersensibile anche agli starnuti vaticani. «È la soluzione alla crisi che limita le provvidenze pubbliche per i luoghi di culto», ha esultato l'assessore all'Urbanistica. Come a dire: se non possiamo dargli soldi, almeno diamogli cemento.

Questa sarebbe la classe dirigente che ha il compito di gestire uno dei territori più devastati dalla speculazione edilizia e dall'abusivismo, e insieme uno dei più preziosi dal punto di vista paesaggistico e storico-archeologico? Complimenti. Secondo Legambiente, nel 2010 era cementificato quasi il 9 per cento della superficie dell'intera regione, contro una media europea del 4,3 per cento. E il consumo sconsiderato di suolo da allora non si è affatto arrestato, tutt'altro: procede a un ritmo di 161 ettari al giorno. Ma non c'è proprio da stupirsi, se il midollo stesso della Regione è fatto di calcestruzzo.

Se Cecinelli fa rima con Gelli

Torniamo quindi alla Pisana, dove per anni ha regnato sul consiglio regionale Nazzareno Cecinelli. Il suo incarico: segretario generale. Il che significa potere assoluto. Appalti, forniture, contratti... Mica male, per uno che non è nemmeno laureato: ha fatto il liceo classico dai Salesiani, a Caserta, e non ha mai finito l'università. Nato a Cori, in provincia di Latina, Cecinelli viene dalla politica attiva. Il cuore batte a destra. Consigliere provinciale e poi assessore comunale per Alleanza nazionale a Latina. Assessore all'Ambiente, naturale. Ma non si limita al duro lavoro di segretario generale. Lo troviamo anche come azionista di minoranza di una società denominata Immobil trading. All'apparenza, una scatola vuota. Fra i soci, però, ci sono i familiari di Bruno Canini, un costruttore che a Latina e provincia si è dato molto da fare. Ha costruito scuole, capannoni industriali, palazzine e villette. Centoquattro appartamenti a Latina Scalo, sessantotto a Sabaudia, duecentootto a Latina città, centoventitré ville a Santa Teresa, nei pressi di Anzio. E poi l'istituto tecnico commerciale Libero de Libero di Fondi, sempre nella provincia di Latina, alcune strade sull'isola di Ponza, il depuratore di San Felice Circeo...

Ma è nel passato di Cecinelli che ci sono le sorprese più interessanti. Un bel giorno del 2003, esattamente il 3 maggio, il futuro segretario generale entra a far parte del consiglio di amministrazione di una società, Antiqua 2001, che vuole fare un po' di business, tipo ristoranti e sfilate di moda, a villa Ada, a Roma, che la giunta capitolina di centrosinistra di Walter Veltroni dice di voler rianimare. Arriva contestualmente a una signora che ha appena comprato il 30 per cento delle azioni, Marta Sanarelli. Nome che non direbbe nulla, se non fosse quello della nuora di Licio Gelli. Suo marito è infatti Raffaello Gelli, primogenito del capo della Loggia P2 che non si è mai dissociato dal padre. Al contrario, è incappato in alcuni guai giudiziari per averlo aiutato nella latitanza venendone fuori con la disinvoltura tipica degli uomini di mondo. «Il figlio del venerabile, un metro e novanta di altezza, eleganza ostentata e una gran passione per le auto di lusso, si è sempre descritto come un globe trotter degli affari, perennemente in viaggio tra l'Italia, la Svizzera e Montecarlo», ha riferito nel 2001 l'inviato dell'«Espresso» Vittorio Malagutti, dando conto della sorprendente circostanza che il figlio maggiore di Licio Gelli occupava addirittura un seggio all'Onu. Grazie a Henry Bandier. «Un francese dalla vita avventurosa e dalle molteplici identità, spia e collaborazionista ai tempi di Vichy, secondo alcuni, filantropo e benefattore, secondo altri», racconta Malagutti. «Un noto avvocato internazionale gaullista che forse era un simpatizzante di mio padre», dice Gelli junior. Comunque, l'ispiratore di una singolare organizzazione umanitaria internazionale denominata Agenzia delle città unite per la cooperazione nord-sud. Ente che, pur avendo come indirizzo una casella postale di Ginevra, aveva ottenuto il riconoscimento dall'Onu come membro consultivo dell'Economic and Social Council delle Nazioni unite con diritto di nominare propri rappresentanti presso il Palazzo di vetro. Raffaello Gelli e sua moglie Marta Sanarelli, appunto. Lo confermò lui stesso in una intervista rilasciata a Ennio Mecconi della «Nazione» nel maggio del 2001: «Sono una persona che ha accesso all'Onu. Che può partecipare alle riunioni di tutte le commissioni economiche, umanitarie, dei diritti dell'uomo a Ginevra, Vienna, New York. Insomma, ho un mio posto. E ho un documento dell'Onu, un tesserino». Raffaello Gelli diceva di essere anche il presidente di una seconda agenzia che riuniva «duemila nomi fra avvocati, medici, ex ambasciatori, imprenditori, un po' in tutto il mondo». Che ci faceva la moglie di uno così in un affare a villa Ada insieme a un dirigente della Regione Lazio, è un bel rebus. Quel che è certo è che non si trattava di un semplice caso.

Cecinelli figura, in veste di procuratore, anche in una casa di produzione cinematografica, la Baker pictures. Ha all'attivo un docufilm distribuito da Rai cinema (*Le radici e le ali*) e un thriller distribuito invece dall'Istituto Luce (*Visions*), del quale firma la regia il figlio di Nazzareno, Luigi Cecinelli, che è anche il proprietario della società. Lo è, dopo varie peripezie della compagine azionaria, dal 2011. Perché, quando la Baker pictures vede la luce dal notaio Camilla de Martino, il 22 maggio del 2003, il capitale è diviso in tre parti quasi uguali. I fondatori sono Cecinelli junior, Marta Sanarelli e un certo Filiberto Morasca. Cioè il socio in affari di Marta

Sanarelli in un ristorante di Porto Ercole, il King's, che nel 2005 vende la propria quota a Raffaello Gelli. Il quale, nell'occasione, rileva anche le azioni di un terzo socio del King's: Marcello Testa. Ovvero il fondatore, insieme al padre Mario Testa, della Antiqua 2001, quella che aveva grandi progetti per villa Ada, a Roma. Curioso, no?

Batman e i suoi colleghi

Le straordinarie istantanee che ci offre la Regione Lazio fanno capire meglio di tante altre storie quale piega abbiano ormai preso i rapporti fra gli incarichi istituzionali e gli affari in certi contesti locali. Dove le regole basilari della politica sono semplicemente ignorate. Concetti come «opportunità» o «conflitto d'interessi», poi, non sono nemmeno lontanamente contemplati. Per non parlare di quando non si sconfina allegramente nel codice penale.

Lo scenario emerso da inchieste giornalistiche quali quelle di Ernesto Menicucci sul «Corriere», seguite alla rivelazione delle abnormi dimensioni dei contributi pubblici ai gruppi politici del consiglio regionale laziale, denunciate con la meritoria pubblicazione del bilancio del gruppuscolo radicale di Rocco Berardo e Giuseppe Rossodivita, è sconvolgente. Dai 109 bonifici bancari finiti su conti personali alle migliaia di euro spese per pagare cene al ristorante e realizzare book fotografici o comprare, pensate, un quintale e mezzo di mozzarella di bufala da un caseificio sulla via Casilina. Fino alle auto, una Smart da 16.000 euro e una Bmw X5 da

88.000 euro, acquistate con i soldi dei contribuenti: «Ne avevo bisogno. Lo fanno tutti», si è difeso con Loredana Di Cesare e Valeria Pacelli del «Fatto Quotidiano» il protagonista assoluto di questa storia. Ovvero il capogruppo del Pdl Franco Fiorito, signore delle preferenze ciociare proveniente dalle truppe nazional alleate.

I suoi centosettanta chili perennemente fasciati da un gessato stile boss di periferia entravano a fatica nell'auto blu che spettava ai presidenti di commissione. E non parliamo della Smart: che infatti, dice, usava la sua segretaria. Facile che su uno così, il quale per la campagna elettorale aveva fatto tappezzare Anagni di manifesti con su scritto «Il futuro è Fiorito» sotto un grande fiore giallo con al centro il simbolo del Popolo della libertà, fioriscano, appunto, le storie. E i soprannomi. «Er Federale» ricorda il saluto romano: per uno che è stato missino e sindaco di Anagni, più che un soprannome è una medaglia. Sempre che l'origine, chili a parte, non sia invece Primo Arcovazzi, il grottesco protagonista del film di Luciano Salce, *Il federale*, interpretato magistralmente da Ugo Tognazzi.

Sulla «Repubblica» Francesco Merlo ha raccontato che lo chiamano «Er Batman» dal giorno in cui «cadde da una moto ferma». Sul «Corriere» Fabrizio Roncone ci dà i dettagli: «Il soprannome gli fu scelto quel pomeriggio che, in garage, si mise a cavalcioni di una fiammante Harley-Davidson. Ma, non appena i quattro amici che lo sorreggevano mollarono la presa, lui non riuscì a ingranare la prima e, con un tonfo sordo, bestemmiando, cadde su un fianco». Episodio che però si perde nella leggenda.

Come incerta è anche la provenienza dell'altro soprannome che gli è stato attribuito: «Er Turco». Forse dall'attività in cui si è mostrato uno specialista? In effetti nel conto del gruppo parlamentare del quale era presidente succedevano proprio cose turche. Era un bancomat sempre aperto per i prelievi in contanti. Auto, cene, bollette del telefono, vacanze...

Ma non dite che la politica non c'entrava nulla. Non è forse anche lo stress un prezzo da pagare? Con il «Fatto Quotidiano» ha ammesso: «Avevo appena concluso la campagna elettorale per le regionali, ero depresso. Ho prenotato due settimane in due resort tra i più belli della Costa Smeralda, Pitrizza e Ramazzino. Sì, è vero, ho pagato con i soldi del gruppo. Ma poi ho versato nel conto del partito ciò che avevo speso». E la villa del Circeo comprata con 800.000 euro alla fine di novembre del 2011? «Non un immobile qualsiasi», tiene a precisare Carlo Bonini, giornalista della «Repubblica» che ha rivelato la faccenda. «La casa è infatti la porzione di una villa dalle due grandi ali che, anni prima, è stata costruita abusivamente nel cuore della riserva naturale e che, nel Paese dei condoni edilizi licenziati dalla maggioranza politica di cui Fiorito è punta di diamante, è in sanatoria.» Particolare che non sconvolge più di tanto il Nostro. È o non è uno dei politici più potenti della Regione, capogruppo del partito di maggioranza? E la Regione è o non è l'ente che ha competenze in materia di urbanistica, edilizia, aree protette e chi più ne ha più ne metta? Allora, che *probblema* c'è? «Lo ricordano», racconta Bonini «spesso in giro su una jeep nera, compiaciuto nel vantarsi di un cabinato da 15 metri del cantiere Manò Marine ancorato nel porto di San Felice...»

Però sbaglia chi crede che per lui la politica sia tutto. Nell'autunno del 2006, un annetto dopo essere stato eletto per la prima volta nel consiglio regionale del Lazio, mette su la Imago srl, una società che nello statuto ha un po' di tutto: dalla pubblicità alla promozione di eventi fino al «commercio al dettaglio e all'ingrosso, anche online, di prodotti enogastronomici». Dura poco, perché nel 2009 la baracca viene ceduta a un vecchietto assai dinamico, a dispetto dei novant'anni. Alfredo Di Giacomo, classe 1922, amministra 33 società: immobiliari, ditte edili, imprese di pulizia, fabbriche di computer, agenzie per disbrigo pratiche e certificati, bar, lavanderie, negozi di mobili, case di produzione cinematografica, autolavaggi... Una specie di rigattiere societario, a leggere la lista dei suoi incarichi. Nell'effimera avventura enogastronomica Fiorito ha per socio suo cugino Pierluigi Boschi, che nel 2010 tenta di diventare sindaco di un paese di 803 abitanti in provincia di Roma, Marano Equo. Ma è una Caporetto. Presentatosi con il marchio «Boschi sindaco – Svolta a destra», non porta a casa nemmeno un voto. Record destinato a rimanere imbattuto. Almeno quello.

Il regno dei mediocri

La storia dei soldi dei consiglieri regionali del Lazio e di tutti i personaggi che a quella greppia erano abbarbicati ci dice a che punto sia ridotta certa politica locale. Responsabilità innanzitutto dei partiti, che per pure convenienze elettorali hanno favorito in periferia la nascita di piccole satrapie ai confini della decenza. Senza guardare non solo le fedine penali ma nemmeno le facce, talvolta più eloquenti dei casellari giudiziari. Così la teoria cara al professor Antonio Merlo, direttore del dipartimento di economia presso l'Università della Pennsylvania, secondo cui il sistema italiano è strutturato non per favorire la selezione di politici capaci, ma dei più mediocri e inadatti a governare, trova una ulteriore cruda conferma. Il «povero» Fiorito finisce per diventare il simbolo di una cancrena in realtà molto più estesa. Fatta di un uso indebito e vergognoso del denaro dei contribuenti: «Fiorito è meno peggio di altri. Hanno usato i soldi anche per fatturazioni false e per andare a puttane. Cose che lui non ha mai fatto», è il messaggio nemmeno troppo sibillino lanciato dall'avvocato di Fiorito, l'ex sottosegretario all'Interno di Forza Italia Carlo Taormina. Ma fatta anche di silenzi e complicità.

Quanti, scandalizzati a parole dal fiume di denaro che arrivava sui conti correnti, incassavano comunque e spendevano per manifesti e convegni anche quando erano soldi buttati dalla finestra? Quanti, invece, sapevano e si giravano dall'altra parte? Oppure ne approfittavano anche loro, perché così fan tutti, e se tutti fanno così vuol dire che si può fare? Cose molto diverse dall'acquisto di costosi Suv tedeschi o dalle vacanze in lussuosi resort, ovvio. Ma come devono essere considerati i conti di migliaia di euro pagati al ristorante con i soldi pubblici per offrire la cena a decine di commensali?

Anche il 31 dicembre? E secondo quale logica 1080 euro dei contribuenti possono essere spesi per un servizio fotografico? Domanda alla quale forse dovrebbe rispondere il soggetto di quegli scatti: la giovane presidente della Commissione Cultura del consiglio regionale del Lazio, Veronica Cappellaro, Pdl, pupilla di Berlusconi. Nata a Roma nel marzo del 1981, ha due figli: il primo avuto dal nipote di Giorgio Almirante, Luca Pompei; il secondo dal successivo compagno di vita, Francesco Pasquali, anch'egli consigliere regionale. Entrambi sono entrati in Regione grazie al listino blindato di Renata Polverini. Lei, presidente di Commissione: incarico che dà diritto a una indennità aggiuntiva di 891 euro e 50 centesimi netti al mese. Lui, capogruppo del Fli: è uscito dal Pdl quando è nato il partito di Gianfranco Fini. E ha fondato il suo gruppo consiliare, di cui è l'unico esponente nonché presidente: finché è durata, altri 891 euro e 50 centesimi netti al mese.

C'è chi si è spinto a definire Veronica Cappellaro «la zarina dei Parioli». Se ne sarebbe ben guardato, se avesse prima visto l'imbarazzante scena filmata da una televisione locale e subito finita su YouTube: lei che viene intervistata da un giornalista e legge annaspando una risposta scritta piena zeppa di banalità. Argomento dell'intervista? Certo non lo stato dell'immenso patrimonio culturale della Regione. I saldi natalizi, piuttosto. Altro che «zarina»: una ragazzina impaurita e a disagio con una domandina da terza elementare. Ma la biografia pubblicata nel sito internet di Veronica Cappellaro offre una spiegazione anche per questo. «Ereditata la passione politica dal padre, inizia presto la militanza in Forza

Italia. Nel 2001, a soli 20 anni, viene eletta consigliere al II Municipio del Comune di Roma, nelle liste di Forza Italia. [...] Nel 2006 viene riconfermata alla carica di consigliere al II Municipio. [...] Negli stessi anni svolge attività di militanza attiva nel partito di Forza Italia e collabora con il coordinatore nazionale l'On. Sandro Bondi. Nel 2008 viene candidata alla Camera dei Deputati nella Circoscrizione Lazio I e attualmente è la prima dei non eletti della lista Pdl. Nel 2010 viene eletta consigliere alla Regione Lazio.» Tutto qui. Non una parola sugli studi, nemmeno una sillaba a proposito delle competenze. Basta la «passione politica ereditata dal padre» e l'aver fatto da assistente a Bondi a giustificare l'incarico di presidente della Commissione Cultura? In un Paese diverso, ne dubitiamo.

Così come in altri Paesi non sarebbe consentito a un agente immobiliare, per giunta collegato ai più potenti costruttori, di fare il presidente della Commissione Ambiente, incarico che può condizionare le scelte sull'edificabilità o meno di certe aree. E sarebbe impensabile per un alto dirigente di una pubblica amministrazione ritrovarsi in società con proprietari di imprese edilizie.

In Italia, invece, cose del genere sono all'ordine del giorno.

L'imprenditore con lo stipendio pubblico

Un altro esempio? Trasferiamoci a Sepino, antica e meravigliosa città romana a un tiro di schioppo da Campobasso. Di fronte, sulla cresta delle colline, è in programma la contestatissima costruzione di un parco eolico dal devastante impatto ambientale. Pale alte 130 metri per la cui realizzazione aveva avuto il via libera dalla soprintendenza e dalla Regione Molise la società Essebiesse Power. E di chi è questa impresa disposta a investire almeno una quarantina di milioni? Metà del capitale è di proprietà di Gennaro Spasiano e di sua moglie Antonella Del Gaudio. Anche se può sembrare sbalorditivo, il signor Spasiano nel 2012 risulta ancora nell'elenco dei dirigenti della Provincia di Caserta pubblicato sul sito internet ufficiale dell'ente. «Responsabile del settore innovazione e sistemi informatici», il suo incarico. Per una retribuzione lorda annua di 80.606 euro e 93 centesimi.

In precedenza Spasiano è stato dirigente dei settori ecologico e urbanistico e durante nove anni consecutivi, a partire dal 1994, anche sub commissario delegato all'emergenza rifiuti per la provincia di Caserta. Nel curriculum pubblicato nel sito della Provincia si qualifica come «esperto delle energie rinnovabili». Verissimo. Gli Spasiano sono al centro di interessi ramificatissimi nel settore eolico. Marito e moglie, come abbiamo appurato, controllano al 50 per cento la Essebiesse Power. Ma non solo. La famiglia Spasiano è presente, con quote di maggioranza o di partecipazione importante, in un totale di 12 imprese che si occupano di energia rinnovabile. Per avere un'idea del giro d'affari, le due sole società principali di questo gruppo hanno nel 2012 in progetto o in via di sviluppo impianti per 246 megawatt. Vi sembra una cosa normale, per uno che di mestiere fa il dirigente della Provincia di

Caserta e prende ogni mese uno stipendio pagato dai contribuenti? Tanto più se consideriamo che nel caso del parco eolico di Sepino l'ingegner Gennaro Spasiano, dipendente provinciale, figura nientemeno che «direttore dei lavori». Al pari di Pitagora, capace di trovarsi contemporaneamente a Metaponto, in Lucania, e Tauromenio, in Sicilia, ha il dono dell'ubiquità.

Scarpellini, genio ed equitazione

Questo sistema non può reggere più. E le conseguenze sono ben visibili nella leggerezza con cui evapora il denaro dalle casse pubbliche. Per finire in quelle di taluni privati, c'è da immaginare, con gli agganci giusti. Al buco nero del consiglio regionale del Lazio ha contribuito, seppure in piccola parte, un contratto d'affitto per una sede di rappresentanza nel centro di Roma, stipulato all'epoca della maggioranza di centrodestra che sosteneva la giunta di Francesco Storace. Seicento metri quadrati al modico prezzo di 320.000 euro l'anno più Iva. A che cosa debba servire un ufficio di rappresentanza a Roma, quando la sede del consiglio, capace e accogliente, è a Roma, Dio solo lo sa. Ma nessuno si pone quella domanda. E se pure c'è qualcuno che se la fa, questo non riesce a evitare quella operazione demenziale. La cosa più interessante, però, è il nome del proprietario: Sergio Scarpellini. Lo stesso che affitta alla Camera (e al Senato) gli stabili dove sono collocati gli uffici dei parlamentari gestendone anche i relativi servizi con proprio personale. Un affarone già raccontato nel libro *La Casta*, maturato in circostanze non proprio usuali per la pubblica amministrazione. Protagonisti, a sentire il leader radicale Marco Pannella, «un gruppo di amici: alcuni stanno alla Camera dei deputati e altri in una immobiliare, Milano '90», la società di Scarpellini. Siamo all'epoca di Luciano Violante presidente della Camera. Anni di vacche grasse. Talmente grasse che davanti al conto astronomico presentato soltanto per il primo dei quattro palazzi il segretario generale di Montecitorio, Mauro Zampini, si mette di traverso per far saltare l'operazione. Non gli riesce. E qualche tempo dopo è invece lui che salta.

Perché tiriamo di nuovo fuori questa vicenda, su cui sono già stati versati fiumi d'inchiostro? Perché nessuna storia fa capire meglio come funziona quando la politica incrocia gli affari privati con i soldi dei contribuenti.

Quando la Camera si accorda per affittare gli uffici dei deputati, Scarpellini ancora non ha neppure gli immobili, come ha sottolineato la parlamentare Rita Bernardini, che nel 2010 è riuscita dopo due anni di continue insistenze a farsi dare i documenti dall'amministrazione della Camera. Scarpellini li compra facendosi prestare i soldi dalle banche, senza alcun rischio. Infatti ha già in tasca i contratti d'affitto della Camera dei deputati. Nove anni più altri nove. E che contratti. Calcolato in valuta 2011, l'incasso per la pigione dei quattro palazzi Marini che ospitano gli studi degli onorevoli, più annessi e connessi, dalle pulizie all'arredamento, durante l'arco di diciotto anni ammonterebbe a 719 milioni e 946.109 euro. Il solo affitto vale 604 euro al metro quadrato l'anno. Se poi ci mettiamo sopra anche i soldini per l'immobile occupato dal Senato, arriviamo a un passo da 750 milioni. Da notare che fino al 2010 l'amministrazione di Palazzo Madama aveva speso circa 26 milioni e mezzo, un milione e mezzo in più rispetto alla cifra di 23 milioni e 992.000 euro giudicata nel 2001 congrua da un collegio arbitrale per l'eventuale acquisto del palazzo.

E per avere un'idea di che genere di affare sia stato quello della Camera, del Senato e dei vari enti pubblici che si sono serviti di Scarpellini, basta dare una rapida occhiata ai bilanci di Milano '90, dove ci sono anche i ricavi di altre attività, fra cui la gestione della buvette del Quirinale e del bar del Tribunale amministrativo regionale del Lazio. L'esercizio 2009, ad esempio. Con ricavi per 75,7 milioni, il margine operativo lordo è stato di ben 46,6 milioni. Tolti gli ammortamenti e altre voci, si arriva al cosiddetto Ebit, acronimo che sta per l'inglese «*Earnings before interests and taxes*», cioè il reddito d'impresa prima che si paghino gli oneri finanziari e le imposte: 33 milioni meno qualche euro. È il 43,5 per cento del fatturato. Abbastanza per pagare con serenità le rate dei mutui (25,6 milioni), le tasse (quasi 14 milioni) e mettersi in saccoccia 3 milioni e 428.771 euro. Esattamente quanto serve per coprire le perdite di una scuderia di trotto e galoppo e di un magnifico allevamento di purosangue, vera passione della famiglia Scarpellini. Scuderia e allevamento, per inciso, di proprietà della stessa società Milano '90 che incassa gli affitti dal Parlamento. Di tanto in tanto avanza qualcosina per un obolo ai partiti: 100.000 euro a destra, 100.000 a sinistra... E alla fine, senza aver sborsato un baiocco di tasca propria, resta pure la proprietà dei palazzi. Geniale.

Tre palazzi al prezzo (stracciato) di uno

Perché non l'ha fatto direttamente la Camera un affare così vantaggioso, anziché spendere un mucchio di soldi per ritrovarsi senza un mattone di proprietà e con un pugno di mosche in mano? Ma che domande! Il gioco è proprio questo...

Un gioco, appunto, dove a rimetterci è sempre lo Stato e a fare un sacco di soldi i privati con la vista lunga. Talvolta però si esagera. Come nel caso della vendita di alcuni stabili a Oristano, dove i contribuenti, dice una sentenza della Corte dei conti, ci hanno rimesso almeno 16 milioni. Tutto comincia nel 2003, anno in cui impazzano le cartolarizzazioni che dovrebbero servire ad abbattere il debito pubblico. Il 1° dicembre viene venduto all'asta un palazzo di proprietà dell'Inpdap, l'ente di previdenza degli statali. Se lo aggiudica un gruppo imprenditoriale campano che fa capo alla famiglia di Fedele Ragosta. Hanno imprese siderurgiche e alberghi a cinque stelle in costiera amalfitana e a Taormina, sono impegnati in grosse iniziative immobiliari a Napoli e Bologna e posseggono marchi dell'industria alimentare noti come quello dei biscotti Lazzaroni.

La loro è l'unica offerta: 3 milioni e 67.755 euro. Un pezzo di pane. Il fatto è che la base di partenza consiste in una valutazione del consorzio che cura l'operazione precedente all'entrata in vigore dell'euro: 8 miliardi e 769 milioni di vecchie lire. Stima ritenuta otto anni dopo dalla Corte dei conti a dir poco «incongrua» in quanto «inferiore di ben 678 milioni rispetto al valore catastale e di oltre 2 miliardi di lire perfino al prezzo d'acquisto risalente al 1986», scrivono i giudici contabili. Aggiungendo in quella valutazione anche una beffa, perché 8,7 miliardi di lire equivalgono ad appena quattro anni di affitto pagati dagli enti pubblici, l'Agenzia delle entrate e l'Inps di Oristano, che occupano gli uffici. Ma il bello arriva dopo che la vendita è stata conclusa. Il palazzo fa parte di un complesso moderno composto da più stabili. In gergo è definito «torre B», ed è collegato a un palazzo gemello, la cosiddetta «torre A», da un immobile più basso, chiamato «piastra E». Soltanto la «torre B», però, è nell'elenco dei beni «cartolarizzati»: gli altri due non sono in vendita. Quando il rogito è ormai firmato, invece, salta fuori un particolare imbarazzante. Le particelle catastali citate nel contratto di vendita comprendono tutto quanto: dunque non soltanto la «torre B», ma pure la «torre A» e la «piastra E». Perché nessuno se n'è accorto prima? Mistero. A quel punto, però, la frittata è fatta. Lo Stato ha privatizzato tre palazzi al prezzo di uno. Per giunta pagato una miseria.

L'Inpdap fa ricorso al tribunale civile, che nel 2011, cioè otto anni dopo i fatti, gli dà ragione, imponendo la restituzione dei due palazzi venduti «per errore» al privato. Il quale, ovviamente, fa ricorso. Con successo: il 26 novembre del 2011 la Corte d'appello sospende l'esecutività della sentenza di primo grado, bloccando così la restituzione dei due immobili, in attesa di giudicare nel merito. Direte: sarà questione di giorni. Macché. I giudici decidono di prendersela comoda. E fissano la prima udienza, indovinate un po', per il mese di settembre del 2016. Cinquantotto mesi dopo. Quasi cinque anni! Nel frattempo tutto il complesso resta ai privati, che continuano a intascare anche gli affitti dell'Inps e dell'Agenzia delle entrate. Mentre la Corte dei conti fa partire un procedimento per danno erariale. I magistrati sostengono che l'ente c'ha rimesso 16 milioni e 211.156 euro e 83 centesimi: 9 milioni e 944.000 euro come valore dei due palazzi ceduti «per errore»; 3 milioni e 935.245 euro come la differenza fra il prezzo incassato e la stima dell'Agenzia del territorio, per cui la «torre B» valeva 7 milioni e 3.000 euro; 2 milioni e 331.911 euro e 83 centesimi come affitti non incassati dallo Stato e riscossi invece dal privato. La causa comincia all'inizio del 2010 e si conclude nel 2011 con la condanna in primo grado di un dirigente dell'Inpdap a pagare 1,8 milioni di euro. Un decimo o poco più del danno calcolato. La Corte dei conti emana la sentenza il 24 maggio del 2011, ma gli atti vengono depositati in segreteria soltanto il 21 maggio del 2012: un anno dopo! Contemporaneamente sui Ragosta si abbatte un'inchiesta della magistratura che sfocia in arresti a più riprese, l'ultimo a metà luglio 2012. Fra le accuse, gravissime, c'è anche quella di concorso esterno in associazione camorristica. Al momento in cui questo libro va in stampa, la vicenda giudiziaria è ancora in pieno svolgimento.

Come guadagnare 18 milioni in un giorno

Un caso decisamente estremo. Ma lo schema secondo cui si vende a un privato per poi pagare l'affitto e rimetterci un sacco di soldi è decisamente ben collaudato. La caserma Miale di Foggia, per esempio. Viene comprata, ancora grazie al meccanismo delle cartolarizzazioni, dalla Bnp Paribas, banca francese proprietaria della Bnl. Paga 11 milioni per un edificio di tre piani e 17.625 metri quadrati. E questo, siccome la matematica non è un'opinione, fa 624 euro al metro quadrato. Per l'acquirente il prezzo è buono, ma la ricaduta è ancora migliore. Lì dentro c'è la scuola di polizia e lo Stato è costretto a riaffittare l'edificio. Un milione e 160.000 euro l'anno, che moltiplicato per i diciotto anni di contratto fa più o meno 21 milioni. Quasi il doppio di quanto ha reso la vendita. Dopo due anni però il ministero dell'Interno decide che la caserma non serve più. Se ne vanno tutti ma l'affitto continua a correre. Gli anni passano: come uscirne? Trasformando la caserma in sede universitaria. Il 1° ottobre 2011 il Comitato internazionale per la programmazione economica sblocca quindi 25 milioni di fondi pubblici per l'acquisto e la ristrutturazione dell'immobile da parte dell'ateneo statale di Foggia. Bilancio finale: 11 milioni incassati dallo Stato per vendere e tre volte tanto, lavori di ristrutturazione e affitti compresi, spesi per rientrarne in possesso. Che fiuto per gli affari!

Ma è niente in confronto a quello sfoderato dal senatore del Pdl Riccardo Conti, «imprenditore» bresciano che nel 2008 ha occupato il seggio di Roberto Formigoni, eletto governatore della Lombardia, in occasione di un'operazione semplicemente memorabile: la fulminea compravendita di un palazzo in via della Stamperia, a Roma, con una plusvalenza sbalorditiva. Tutto in una giornata, il 31 gennaio 2011. La notizia viene data dal telegiornale di La7 di Enrico Mentana: Conti compra dal fondo immobiliare Omega, gestito dalla Idea Fimit di Massimo Caputi, 3900 metri quadrati più seminterrato vicino alla fontana di Trevi per 26,5 milioni e lo stesso giorno rivende all'Enpap, il fondo di previdenza degli psicologi, per 44,5 milioni. Il senatore ha una reazione sprezzante: «È fango». Un fango multimiliardario, però. Il senatore ha fatto una specie di sei al Superenalotto. Ma gli altri? Uno come Caputi, capace di fare valanghe di quattrini con le banche e i fondi immobiliari, può aver preso una cantonata vendendo sottoprezzo? Nessuno ci crede. Allora la cantonata deve averla presa il presidente dell'Enpap, Angelo Arcicasa, che ha pagato il 68 per cento in più... Certo qualcuno non ci fa una bella figura. La cosa capita fra le mani anche ai carabinieri che indagano sul Credito cooperativo fiorentino di Campi Bisenzio, la banca del coordinatore del Pdl Denis Verdini, che ha avuto rapporti finanziari con Conti. Dagli accertamenti bancari dei militari del Ros salta fuori a un certo punto che «il 1° febbraio l'Enpap versa 7 milioni di euro a titolo di caparra immobiliare in relazione al rogito del 31 gennaio e il 3 febbraio il senatore Conti versa 5 milioni di euro a favore del venditore, vale a dire del fondo Omega gestito dalla Fimit, a titolo di caparra confirmatoria dell'atto immobiliare 31 gennaio. In sintesi», è scritto in un rapporto dei giudici del riesame di Firenze, «la prima tranche è pagata con quanto incassato dall'Enpap».

Del resto, che per il senatore immobiliarista quella compravendita sia stata davvero un colpo da maestro appare evidente dalla lettura del bilancio dell'Immobiliare estate due srl. È la società che ha fatto l'affare, controllata all'11 per cento da una fiduciaria e all'89 per cento dalla Edizioni di storia bresciana: 89 per cento Conti, 11 per cento una seconda fiduciaria. Ha archiviato l'irripetibile 2011 con un utile dopo le tasse di 6 milioni e 329.838 euro: l'anno prima aveva denunciato invece una perdita di 1,4 milioni. I ricavi, nel 2010 pari ad appena 145.037 euro, sono schizzati alla mirabolante somma di 44 milioni e 819.653 euro. Mentre alla voce «costi della produzione per materie prime», dove l'anno prima c'era scritto «zero», è apparso un numero spettacolare: 31.636.347. Cos'è, il numero dei mattoni del palazzo di via della Stamperia?

Al confronto, le performance di altri intermediari fanno ridere. Prendiamo il Fondo immobili pubblici costituito dallo Stato, dentro al quale sono stati infilati moltissimi pezzi pregiati. Come le sedi storiche Inps di Venezia e Firenze, e anche quella di Roma, in piazza Augusto imperatore: un patrimonio costruito anno dopo anno con i denari dei lavoratori, il che non è certamente un dettaglio. Quel fondo pubblico è diventato dunque proprietario degli immobili degli enti previdenziali, i quali si sono trasformati da padroni in affittuari e pagano canoni profumati. Una semplice partita di giro, evidente. Però con un particolare. Il Fip, che ha il compito di «valorizzare» e se possibile vendere quelle proprietà immobiliari statali, è gestito da una società privata. Il suo nome è Investire immobiliare ed è controllata dalla famiglia del banchiere Giampietro Nattino (80 per cento) in società con la famiglia di Gilberto Benetton (20 per cento). E grazie alla gestione del Fip fa una montagna di quattrini. Dal 2002 al 2011 ha accumulato utili netti generati dalle commissioni per 59 milioni e 320.000 euro. Nel 2011, annata particolarmente fiacca per il mercato, la società targata Nattino-Benetton ha piazzato 34 immobili per un introito di 195 milioni. Circostanza che ha garantito «commissioni nette per 3,5 milioni». Applausi. Ma qualcuno si domanderà se spendere tutti quei soldi sia proprio indispensabile. Ha torto?

9

L'odore dei soldi

Come si arricchivano gli amici di Formigoni.
Anche all'ombra di Bisignani

«Sono ignorante perché non ho mai studiato, ma un po' di sensibilità nella materia ce l'ho. Un po' di sensibilità abbinata alla normale esperienza ultratrentennale. Questo mix fa sì che qualcuno viene da me a chiedermi la cortesia di risolvere i problemi», risponde Pierangelo Daccò ai giudici che nel carcere milanese di Opera gli chiedono quale sia il suo lavoro.

Se sul patrimonio pubblico si sono edificate enormi fortune private, la stessa cosa è accaduta nella sanità in mano alle Regioni, dove la spesa è esplosa. Non parliamo dei fornitori, obbligati in alcune situazioni regionali ad aspettare i pagamenti anche tre anni, rischiando di fallire o addirittura costretti al fallimento. Parliamo piuttosto dei signori delle cliniche e delle strutture private convenzionate con la sanità pubblica. Tanto nella Sicilia, dove non a caso il mestiere di medico è il più diffuso fra i politici, quanto nel disastrato Lazio e in quella Lombardia che passa per essere Regione virtuosa. Parliamo anche di certi «intermediari» e degli affari che passano per le loro mani insieme a cifre milionarie. Daccò ne è uno degli esempi più clamorosi.

La sua specializzazione: risolvere problemi che altri non sono capaci di risolvere. «Perché siamo tutti uomini, no? C'è chi è un ardito, c'è chi si vergogna, c'è chi pensa che se manda un altro è meglio, c'è chi non se la sente di farlo, questo lavoro. E sono venuti da me.» Che genere di problemi? I soliti. La Regione non paga? Ci pensa Daccò. La delibera non arriva? Chiamate Daccò. L'assessore fa storie? Niente paura, si è già mosso Daccò. «Sono esperto nella frequentazione ormai da trentaquattro anni di tutti i meandri regionali per quanto riguarda la sanità. E sì, so cosa bisogna fare, quando intervenire, come intervenire...» Soprattutto «come»: «Io lavoro molto sull'umano, sul rapporto. Io non sono un tecnico. Io lavoro molto sul rapporto, no? Diretto. E sono uno che alcune volte è quasi invadente. E siccome so che cosa devo portare a casa, perché chi mi ingaggia mi dà gli elementi per andare a fare il mio lavoro. E chi mi ingaggia me li dà e mi ingaggia perché non è capace di fare il mio lavoro, perché altrimenti lo farebbe da solo... Qualche risultato l'ho portato a casa». Risultati ben pagati. A percentuale, «di volta in volta» contrattata. «Due, cinque, otto, diciotto per cento. Sicilia diciotto per cento, sul fatturato.» Milioni. Tanti che Daccò non sa dire ai magistrati nemmeno quanti ne sono arrivati ai suoi conti in Svizzera.

Eh sì, perché questo signore che è riuscito a malapena a prendere un diploma in ragioneria e risolve i problemi finanziari che la Fondazione Maugeri ha con la Regione Lombardia, sulla quale regna sovrano dal 1995 il suo caro amico e compagno di vacanze ai Caraibi Roberto Formigoni, risiede a Lugano. Le consulenze gli vengono pagate tramite una fiduciaria, rigorosamente al riparo dagli occhi indiscreti del Fisco italiano. Nei cui archivi non risultano sue dichiarazioni dei redditi dal lontano 2001.

«Leggo cinquantasei milioni. Non posso dirle "sì, è vero" o "no, non è vero". Dovrebbero...», balbetta, «più o meno, forse qualcosa di più, forse sessanta, non lo so, di più, settanta, forse.» Settanta milioni di euro, commissioni comprese. Martedì 17 aprile 2012 è scoppiato il secondo caso (il primo è quello del San Raffaele) della sanità lombarda, quello della Fondazione Salvatore Maugeri. È una delle più importanti strutture sanitarie private lombarde con diramazioni in tutta Italia, da Torino a Padova, da Bari a Messina, da Benevento ad Agrigento, guidata dal figlio del fondatore, Umberto Maugeri. Si scopre che c'è stata una colossale distrazione di fondi finiti nelle tasche di «intermediari» incaricati di risolvere i «problemi» sorti di volta in volta con chi doveva pagare il conto: la Regione Lombardia, appunto. Problemi del tipo «funzioni sanitarie non tariffabili». Di che cosa si tratta? Lo spiega Daccò con parole sue durante l'interrogatorio: «Quando lei fa una prestazione sanitaria, la prestazione ha un ritorno. Viene pagata, questa prestazione, da parte della Regione Lombardia. Nel pagamento sono inclusi i costi, compresi in una tabella. Ci sono costi che non vengono compresi in questa tabella, che comunque l'ente sostiene. Ad esempio la Maugeri, come il San Raffaele, ha una quota di ricerca che non è possibile mettere nella tariffa. Allora viene riconosciuta a parte, fa parte delle funzioni». Il punto delicato è proprio questo. Siccome per quei costi non ci sono tariffe, allora si entra nel campo discrezionale. E qui Daccò dispiega tutte le sue formidabili qualità di persuasore, quelle per cui «qualcuno viene da me a chiedermi la cortesia di risolvere i problemi». Come sospettano i magistrati, dopo aver visto le cifre in ballo. Dal 2008 al 2012 la Maugeri ha ricevuto dalla Regione 200 milioni per rimborso di prestazioni sanitarie e 102 milioni di soldi pubblici extra budget.

Il faccendiere di Sant'Angelo Lodigiano è in carcere da ormai cinque mesi in seguito all'inchiesta sul crac del San Raffaele di don Luigi Maria Verzé. E ai giudici che gli muovono le contestazioni ripete ancora una volta un ritornello disarmante: «Io sono banale. Se non fossi banale... perché l'abbiamo detto anche l'altra volta, ero *naïf*, no? Si ricorda? Se non fossi *naïf*... non sarei in questa condizione qua». Alla faccia.

In vacanza col governatore

Mario Gerevini e Simona Ravizza hanno così descritto sul «Corriere» la banalità di Daccò: «I suoi affari transitano da Lugano, i soldi sono nascosti in un labirinto di finanziarie estere. Un po' imprenditore, un po' finanziere, molto faccendiere, uomo di relazioni, procacciatore d'affari. Vicinissimo a Comunione e liberazione, ma non organico. Con lui hanno condiviso affari e società nomi di punta di Cl e della Compagnia delle Opere, assessori ed ex assessori della Regione Lombardia. Sua figlia Erika, sposata con l'assessore alla Cultura Massimo Buscemi, gestisce molte società del padre. L'ex vicepresidente del San Raffaele, Mario Cal, era suo interlocutore fisso. Renato Botti, responsabile dell'area sanitaria dell'ospedale di don Luigi Verzé, amministrava una sua azienda».

Intorno al «*naïf*» Daccò c'è un giro incredibile di affari e amicizie. Due volte l'anno, scrivono sempre Gerevini e Ravizza, organizza cene «ambitissime» in ristoranti al top quali l'Antica Osteria del Ponte di Cassinetta di Lugagnano, il Cracco o il Sadler, «alle quali partecipa il gotha della sanità lombarda con capotavola, si racconta, il governatore Formigoni». Appunto. Ai giudici dice che conosce Formigoni da vent'anni. Sono talmente in confidenza che, rivela, gli paga le vacanze ai Caraibi, dove tra l'altro possiede 40 milioni di immobili. Per non parlare delle crociere in barche da sogno noleggiate dalla società austriaca di Daccò, la Mtb, attraverso cui passavano soldi della Maugeri. Oppure dei voli privati per i viaggetti in Costa Azzurra.

Un quadro di rapporti nel quale i magistrati vogliono vederci chiaro. Il governatore fa spallucce: «Si va in vacanza con un gruppo ampio, uno paga una cosa, uno paga un'altra e alla fine si conguaglia ma non è stato sperperato neppure un euro di denaro pubblico. Non ci sono scandali nella sanità lombarda». Ma lui insiste: «Formigoni era mio ospite, non mi ha mai restituito nulla. Era stato mio ospite per almeno tre Capodanni alle Antille». Mentre il governatore della Lombardia proclama: «Mi dimetterò se qualcuno dimostrasse che Daccò ha avuto un vantaggio dai rapporti con me», il suo amico «*naïf*» mette a verbale: «Negli anni ho sfruttato la mia conoscenza personale con Formigoni per accreditarmi con i miei clienti».

Vacanze ai Caraibi, viaggi in barca, aerei privati. Se

«anche Gesù ha sbagliato a sceglersi uno dei collaboratori», riferimento chiaro a Giuda Iscariota con cui un giorno Formigoni ha risposto ai giornalisti a una domanda sui rapporti con Daccò, è tutto da dimostrare che quei suoi svaghi a spese del faccendiere siano esempi di cristiana frugalità. E la difesa del governatore, ribadita ancora una volta durante una intervista a Radio Capital («Non c'è nulla di penalmente rilevante perché non un solo euro di denaro pubblico è stato dissipato»), vacilla non di fronte ai codici, ma a principi etici inderogabili per chi ha simili responsabilità verso i cittadini. In un Paese come la Germania, di fronte a certi episodi, si va a casa senza discutere.

Purtroppo l'Italia non è la Germania nemmeno in questo genere di cose. O la Gran Bretagna. Oppure la Francia. Qui è possibile occupare la poltrona di governatore di una Regione importante come la Lombardia per quattro mandati quinquennali consecutivi. Una situazione, certo, avallata dagli elettori, che però assomiglia molto a quella di certe pseudo democrazie asiatiche se non di personalistiche dittature ex sovietiche. «Festeggerò vent'anni di presidenza della Regione Lombardia, poi mi dedicherò ad altro», ha detto Formigoni un giorno di settembre 2012 a Piero Chiambretti che lo intervistava per *Ore 10* di Radio 2. Il governatore lombardo si è imbullonato a quella sedia nel 1995 e non si è mai più alzato. Alla faccia della norma secondo cui un presidente di Regione non dovrebbe fare più di due mandati consecutivi. Vent'anni sono tanti. Per un ventennio governò ininterrottamente Benito Mussolini. Nemmeno nell'Unione Sovietica, con l'unica eccezione di Stalin, c'è stato chi ha governato vent'anni. Leonid Brežnev durò soltanto diciotto. Nikita Krusciov undici appena. Nell'Europa del 2012 c'è una sola persona che governa ininterrottamente da più tempo di lui. Alexander Lukashenko, dal 1994 presidente della Bielorussia.

Affari anche in Sicilia

Se lo conosce da vent'anni, Formigoni deve sapere bene chi è e che lavoro fa Daccò. Certo non sarà informato sui dettagli. Può anche ignorare che intorno a lui c'è una ragnatela di società che porta fino in Olanda e a Curaçao. Ma si dev'essere chiesto da dove arrivano tutti quei soldi che muovono barche e aerei privati e pagano le ville ai Caraibi.

Anche perché nello scandalo Maugeri c'è in mezzo un altro suo caro amico: Antonio Simone. Che finisce agli arresti pure lui. Lo accusano, dà notizia l'Ansa, di aver riciclato 10 milioni di euro. Gli sequestrano 6 milioni e 324.000 euro e tre case in Sardegna.

Dignitosamente affranta, sua moglie Carla Vites, dopo aver letto sul «Corriere» le dichiarazioni con cui Formigoni prende le distanze da tutta questa faccenda, manda una meravigliosa lettera al direttore del giornale, Ferruccio de Bortoli, dove scrive: «Pur essendo una persona qualunque, la sorte mi ha riservato una conoscenza ravvicinata con l'attuale governatore della Regione Lombardia. Vede, conosco lui, Antonio Simone ed altri da circa trent'anni. In questa cerchia di relazioni ho avuto modo di condividere molte occasioni di vita di queste persone. Bene, Formigoni non può affermare che "conoscevo Daccò da molti anni, ma non ha mai avuto rapporti direttamente con me, ma con l'assessorato". [...] Lo spettacolo dei suoi "rapporti" con Daccò è sotto gli occhi dei molti chef d'alto bordo dove regolarmente veniva nutrito a spese di Daccò stesso, vuoi Sadler, vuoi Cracco, vuoi Santin, vuoi Aimo e Nadia, per non parlare dei locali *à la page* della Costa Smeralda dove a chi, come me, accadeva di passare per motivi vari, era possibilissimo ammirare il nostro governatore seguire come un cagnolino al guinzaglio Daccò, lo stesso con cui non aveva rapporti diretti. Vederli insieme era una gioia degli occhi: soprattutto per una come me che assieme a tanti altri meravigliosi amici di Cl ha militato per lui volantinando, incontrando gente, garantendo sulla sua persona. Era una gioia degli occhi perché – e qui secondo me è la vera tragedia, cioè non tanto se e come egli abbia intascato soldi – Robertino con Daccò e tutta la sua famigliola, si divertiva e tanto! Me lo vedo sul molo di Portisco arrivare diritto da Milano pronto ad imbarcarsi sullo yacht di Daccò dove le sue figliole (guarda caso, non sono depositarie del diritto a usare il Pirellone come mega location per eventi da migliaia di euro a botta?) lo attendevano con ansia pronte a togliersi il pezzo di sopra del bikini appena il capitano avesse tirato su l'ancora, perché così il sole si prende meglio, chiaramente. Era una gioia degli occhi, ma anche delle orecchie sentire Erika Daccò dire a chiare e forti lettere, me presente, nel giugno 2011, durante una cena, [...] "pensa, noi Daccò siamo i migliori amici di Formigoni e non riusciamo a dirgli di non indossare quelle orrende camicie a fiori"! Ma certo, ci credo anch'io che Robertino non abbia mai raccolto soldi od altri effetti dalle frequentazioni col faccendiere Daccò: a lui bastava l'onore di essere al centro di feste e banchetti, yacht e ville. Che se ne dovrebbe fare dei soldi uno così narcisista?».

Ciellino, ex assessore regionale alla Sanità, ex consigliere della Maugeri, Antonio Simone abita nel centro di Milano in un grande appartamento del Trivulzio. Dopo aver lasciato la politica si è messo in affari. Ha una holding di famiglia, la Fraca, che controlla una serie di partecipazioni. Fra queste, pure una società che noleggia un piccolo jet privato, un Beechcraft Premier I da tre milioni e mezzo. La fede, però, quella non l'ha mai abbandonato. Simone è così devoto che secondo il quotidiano «Il Giorno» ogni mattina, quando era in giunta, convocava i dirigenti dell'assessorato nel suo ufficio «per le preghiere di inizio giornata». È lui che nel 1997 porta il direttore generale della Maugeri, Costantino Passerino, a casa di Daccò. E già l'approccio, come racconta ai giudici il faccendiere, è inquietante. «Mi fece una proposta, mi disse: "Io avrei bisogno dei suoi servizi, delle sue consulenze". Accettai in seguito l'incarico che mi diedero, dissi al dottor Passerino che ero residente all'estero, che stavo per diventarlo, per cui gli emolumenti che mi avrebbe corrisposto dovevano essere regolati con la mia fiduciaria in Lugano. Il dottor Passerino mi disse: "Va bene".» Allora vediamo: l'ex assessore regionale alla Sanità, intimo del governatore, porta a casa di un suo amico il direttore di una clinica privata che ha bisogno di lui per far sganciare soldi alla Regione. Abbiamo capito bene? E perché ce lo porta? «Con Simone c'è un sodalizio che dura da vent'anni. Io l'ho conosciuto quando era assessore al Turismo. Io avevo un'agenzia di viaggi a Milano. E poi per affinità calcistiche, siamo tutti e due dell'Inter, no? E altre. Lui aveva smesso di fare il politico, persona intelligente, ci siamo trovati e abbiamo fatto qualche cosa insieme», dice Daccò ai magistrati. «Qualche cosa insieme» sono i milioni di euro transitati dai suoi conti a quelli di Simone. «Lavoriamo insieme. Abbiamo poi delle compensazioni, mi fa consulenze. In Sicilia io prendo il 18 per cento, per cui una fetta è di Simone. Lì è al 50 per cento, Simone.» La Sicilia? Già. Sono Daccò e Simone gli artefici di un accordo di programma tra la Regione siciliana e la Maugeri per seicento posti letto di riabilitazione intensiva. Un accordo che frutta il 18 per cento del fatturato. Con i magistrati, Daccò parla delle sue conoscenze siciliane: l'ex governatore Salvatore Cuffaro, l'ex plenipotenziario di Forza Italia Gianfranco Miccichè («che è un amico»), il deputato siciliano Pippo Fallica, responsabile per gli enti locali dello stesso partito, il sindaco di Palermo Guido Cammarata, l'ex assessore regionale alla Sanità Ettore Cittadini, medico e padre di Barbara Cittadini (azionista di una delle cliniche palermitane più importanti convenzionata con la Regione nonché consorte di Salvatore Misuraca, ex onorevole regionale azzurro e attualmente deputato del Popolo della libertà).

«Qualche cosa insieme» è pure altro. Per esempio lo stesso indirizzo di Londra, 33 Maresfield Gardens. Daccò ha poi una società, la Iuvans srl, che parte dall'Italia ma poi si perde nelle nebbie dei Paesi Bassi. A un certo punto fra gli azionisti spunta un'altra società olandese, la Karmal, gestita da un signore, Antonio Zanetti, che è lo stesso che amministra le società di Simone. Non bastasse, amministratore unico della Iuvans italiana, dichiarata fallita nel 2003, è Pasquale Simone, il fratello di Antonio.

L'ombra di Bisignani

Ma non disdegna, l'ex assessore ciellino, altri sodalizi meno in linea con la tradizione del fondatore di Cl, don Luigi Giussani. Il 29 novembre del 2006 Antonio Simone acquista per 100.500 euro il 20 per cento di una società di Milano, la Red srl, costituita appena quattro mesi prima, il 27 luglio, e in quel brevissimo periodo già passata di mano un paio di volte. Oggetto sociale: acquisto e rivendita di immobili. Quel 20 per cento glielo vende per procura un altro italiano residente a Londra. Si chiama Vittorio Farina, imprenditore del settore tipografico: è il proprietario della Ilte, ditta che un tempo era nel calderone delle partecipazioni statali. Stet, per l'esattezza.

Con l'arrivo dell'amico e sodale di Daccò i soci della Red diventano cinque, tutti con parti uguali del 20 per cento. Oltre a Simone e Farina c'è la signora Ombretta Di Scioscio. C'è anche un caro amico di Farina, del quale abbiamo già parlato in un precedente capitolo: Luigi Bisignani. Proprio lui, la mascotte della P2, nelle cui liste era il più giovane, il collettore della tangente Enimont riciclata allo Ior, il personaggio che da trent'anni viene descritto ora come l'architetto di affari oscuri ora come burattinaio delle nomine pubbliche, che nel novembre 2011 ha chiuso i conti con l'inchiesta sulla P4 patteggiando una condanna a un anno e sette mesi. E il quinto chi è? Un altro amico di Bisignani e Farina: Roberto Mazzei.

Calabrese di Lamezia Terme, ha una lista di incarichi societari presenti e passati lunga 27 pagine. Comincia con un paio di collegi sindacali in società legate all'Eni, come la Snam, per proseguire con «Il Domenicale» del senatore Marcello Dell'Utri, l'AnsaldoBreda del gruppo Finmeccanica, la Falck Energy della famiglia Falck... Non manca nemmeno, dal 27 giugno 2012, un posto nel consiglio di amministrazione della Tosinvest, la finanziaria della famiglia dell'onorevole Antonio Angelucci, il re delle cliniche romane: quello che ha comprato nel 1999 il San Raffaele di Roma da don Luigi Verzé per 270 miliardi, rivendendolo pochi mesi più tardi allo Stato per 315. Niente male, come investimento. Ma è un giorno di settembre del 2009 che il dottor Mazzei tocca il vertice. Il ministero dell'Economia lo nomina infatti presidente di una delle aziende pubbliche più prestigiose. Ossia, il Poligrafico dello Stato. L'uomo giusto al posto giusto: fino a quel momento, e per ben undici anni, fra le sue molteplici incombenze c'era stata anche quella di consigliere e vicepresidente di una impresa tipografica. Quale? La Ilte di Farina, che guarda caso ha lavorato anche con il Poligrafico per i modelli delle dichiarazioni dei redditi.

La ragione per cui la scelta cade su di lui, però, non ha molto a che fare con la competenza specifica. Durante gli interrogatori dell'inchiesta sulla P4 Bisignani fa una rivelazione sconcertante: «Ho sicuramente segnalato il Mazzei al professor Tremonti per fargli ottenere la nomina di presidente». Tremonti replica: è una bufala. «Premesso che conosco come molti Luigi Bisignani, escludo che Bisignani mi abbia mai potuto segnalare la nomina di Mazzei al Poligrafico», dichiara ai pubblici ministeri Francesco Curcio e Henry John Woodcock. Lo stesso giorno il suo capo di gabinetto, Vincenzo Fortunato, si incarica di fornire ai giudici una interpretazione autentica, spiegando che chi seguiva «per conto del ministro le nomine» in società pubbliche del calibro del Poligrafico altri non era che l'ex braccio destro di Tremonti inquisito nell'ambito dell'inchiesta sulla P4, Marco Milanese. La sua compagna Manuela Bravi è dirigente del Poligrafico e arriva a sfiorare la poltrona di direttore generale.

Bisignani, Farina, Mazzei e Simone: che ci fa questa strana compagnia di giro in una società che compra e vende immobili? Esattamente questo. Compra e vende. Più in fretta possibile. Dall'alto della sua esperienza (alla Maugeri seguiva i problemi immobiliari) Simone ci ha visto giusto. Il 29 settembre la Red srl stipula un preliminare per l'acquisto di uno stabile a Milano in via Giuseppe Mazzini numero 12, duecento metri da piazza Duomo. Prezzo d'acquisto: 3 milioni tondi. Coperti da un prestito concesso a tambur battente dal Monte dei Paschi di Siena. Meno di tre mesi dopo, il 22 dicembre 2006, i soci della Red vendono tutto a una società finanziaria, la Axxon, fino a quel momento controllata al 50 per cento dalla Sopaf della famiglia di Aldo, Giorgio e Ruggero Magnoni e nella quale ha una partecipazione anche Lorenzo Pellicioli. Prezzo di vendita: 8 milioni tondi. Che va diviso per cinque, ma non in parti uguali. Bisignani, Mazzei e Farina, che hanno portato l'affare, intascano un milione e 866.666 euro ciascuno. La signora Ombretta Di Scioscio e Simone, arrivati per ultimi, devono invece accontentarsi di un milione e 200.000 euro. Ma per un lavoretto facile facile come questo, ci si può stare eccome. A voi non è mai capitato? Che strano...

E scommettiamo che non avete mai avuto neppure la fortuna di trovarvi in mezzo a un altro grande affare del tipo di quello che racconteremo ora. Capitato sempre, guarda che coincidenza, al trio di inseparabili Bisignani-Farina-Mazzei. Siamo all'inizio del 2003. La Banca Intesa di Corrado Passera decide un grosso *spin-off* immobiliare: in soldoni, venderà un bel po' di locali commerciali e appartamenti. Sono quattrocento sparsi in tutta Italia, per una superficie approssimativa di 600.000 metri quadrati prevalentemente a Milano. Tutto questo ben di Dio la banca ce l'ha a bilancio per un valore di 450 milioni, ovvero 750 euro al metro quadrato. Non è necessaria una laurea in economia per capire che c'è da fare un sacco di quattrini. Banca Intesa è nata accorpando le grandi banche milanesi come Cariplo, Comit e Ambroveneto, dalle quali ha ereditato un immenso patrimonio costituito da stabili in tutta la città, compresi moltissimi alloggi prestigiosi nel centro cittadino. Solo ipotizzando di vendere a un prezzo pari a quello scandalosamente modesto incassato nello stesso periodo dall'Inps per le famose case con vista sul Colosseo acquistate dal futuro ministro Filippo Patroni Griffi e dal futuro parlamentare Giuliano Cazzola, si realizzerebbero 978 milioni, con una plusvalenza per la banca di ben 528 milioni. Ma siccome Banca Intesa non è un ente pubblico, e tanto meno fa beneficenza, è normale supporre che le cessioni debbano avvenire secondo le quotazioni di mercato. Che in quel periodo risultano particolarmente elevate. Sono anni di boom. Verso la fine del 2003, secondo il centro studi della Toscano, un monolocale a Milano non costa meno di 200.000 euro. Nei primi sei mesi dell'anno seguente le quotazioni registrano un altro balzo del 4 per cento. La media al metro quadrato arriva a 3900 euro, ma con punte che a via della Spiga sfiorano i 10.000.

Se Intesa vendesse mediamente a 2000 euro arriverebbero nelle sue casse un miliardo e 200 milioni. La plusvalenza teorica salirebbe così a 750 milioni.

Che questo sia dunque il momento giusto per vendere, non c'è il minimo dubbio. E per fare l'operazione nel modo più razionale possibile, la banca la divide in due parti. I cespiti commerciali, circa una cinquantina per un valore di libro di 260 milioni, vengono affidati a una nuova società insieme a Beni Stabili, joint venture cui Intesa partecipa con il 49 per cento. A vendere gli altri, 350 appartamenti appostati in bilancio per 190 milioni, ci pensa invece la banca. «La cessione degli immobili della seconda categoria, che verranno trasferiti ad un'altra società di nuova costituzione», informa la relazione semestrale del 2003, «sarà curata direttamente dal gruppo Intesa.» Tenete a mente quella parola: «Direttamente».

Trascorre un annetto. E in una delle ultime pagine della relazione al bilancio consolidato di Banca Intesa del 2004 compare una notizia: fra gli «utili da realizzo di partecipazioni» ci sono 29 milioni «relativi alla cessione di Spinoffer Real Estate, società costituita nel corso dell'esercizio nell'ambito del progetto di valorizzazione del patrimonio immobiliare». Forse è quella società «di nuova costituzione» alla quale dovevano essere trasferiti i famosi appartamenti da vendere «direttamente»? Esatto. Alla Spinoffer l'istituto di credito trasferisce prima di venderla 191 immobili in tutte le città italiane, da Milano a Trapani, per un valore complessivo di 170 milioni e 344.937 euro. Solo che nell'elenco delle partecipazioni di Banca Intesa, nel bilancio, continua a comparire anche l'intero capitale della società, nonostante sia stata ceduta. Ma non è sotto la voce «proprietà», bensì come «pegno». Cosa significa? Che i proprietari hanno versato soltanto il 7,5 per cento del prezzo, riservandosi di pagare il restante 92,5 per cento con i proventi delle future vendite degli immobili. Lasciando in pegno alla banca, come garanzia, le azioni della Spinoffer. Agevole, no? E chi sono questi signori così fortunati?

La Spinoffer viene acquistata a un prezzo di 179 milioni e 571.390 euro, più un conguaglio che porterà la cifra finale a 201 milioni, da una società milanese, la BB 111 srl. A chi appartiene? Il capitale è interamente posseduto da un'altra società, la BB 222 srl. Qui arriviamo al dunque, e occhio alle date. Perché la BB 222 è della premiata ditta Bisignani-Farina-Mazzei, che la apre il 22 ottobre 2004, lo stesso giorno e sempre dallo stesso notaio che tiene a battesimo la BB 111. Il 29 ottobre Banca Intesa costituisce a sua volta la Spinoffer e ci mette dentro gli appartamenti. Il 2 novembre la BB 222 compra la BB 111: che tre giorni dopo, il 5 novembre, rileva la Spinoffer dalla banca di Passera impegnandosi a pagare entro San Silvestro del 2004 la somma di 15 milioni. Il resto, in comode rate fino al 31 dicembre 2006. Il trio Bisignani-Farina-Mazzei non compare mai: perché quel 5 novembre il contratto lo firma colui che ha fondato e poi subito venduto la società acquirente BB 111, rimanendone però «procuratore». Si chiama Massimo Lucchini e figura in molte società legate ai Nostri tre, compresa una già utilizzata per la compravendita immobiliare cui ha partecipato l'ex assessore Simone. Che ha fruttato, come si è detto, qualche milioncino. Niente, però, in confronto ai profitti che promette questa nuova appetitosa operazione, se è vero che per 201 milioni verranno comprati immobili che hanno un valore di libro di appena 170 milioni. «L'operazione può risultare assai profittevole e presenta un ragionevole e limitato rischio d'impresa», mette a verbale uno dei tre, Vittorio Farina. Slurp!

Un affare così grosso, però, la premiata ditta non può farlo da sola. Ecco allora che da quel 5 novembre 2004 passa un'altra settimana e la BB 222 srl delibera un aumento di capitale. Aprendo così le porte alle famiglie Amenduni, quella delle acciaierie Valbruna che è anche azionista di Mediobanca, e Cordioli, imprenditori metallurgici. Rilevano i due terzi del capitale e affidano la pratica a Maurizio Amenduni e Angelo Cordioli. La Spinoffer viene poi ingoiata in una serie di fusioni a catena, sulle quali è inutile soffermarsi. Non aggiungono niente a questa storia. Piuttosto c'è una domanda, da rivolgere a chi era allora al vertice dell'istituto: se davvero l'operazione era «assai profittevole», perché non l'ha fatta lui, anziché offrirla su un piatto d'argento a Bisignani & Co? Per poter iscrivere in bilancio una plusvalenza di 29 miseri milioni? Tutto qua?

Penati e gli «affari» targati Gavio

E perché il San Raffaele fa un contratto con una società di Daccò per acquistare un aereo che non compra, ma grazie a una clausola capestro è costretto a lasciare nelle mani del faccendiere una commissione di 2 milioni? «Sembra esistere, nella Lombardia patria dei commercialisti, un metodo per lasciar correre da una società a un'altra denaro apparentemente legale», scrive Piero Colaprico sulla «Repubblica» il 2 ottobre 2012. Un po' quello che secondo i giudici salta fuori dalle inchieste che coinvolgono l'ex sindaco diessino di Sesto San Giovanni Filippo Penati. Pietro Di Caterina, l'imprenditore che dice di aver dato a Penati tangenti che poi gli avrebbe chiesto indietro, vende alcuni immobili a Marcellino Gavio. Il quale però, proprio come fa il San Raffaele con gli aerei, non compra: rimettendoci 2 milioni di caparra che intasca Di Caterina. Che sfortuna! Ma Gavio non è lo stesso che nel 2005 vende per 238 milioni alla Provincia di Milano, di cui è presidente Penati, la sua quota del 18 per cento della Milano-Serravalle a 8,93 euro per azione? Appena diciotto mesi prima, per acquistarle, ha speso 2,90 euro: realizza una plusvalenza di 160 milioni senza muovere un dito. È l'estate delle scalate bancarie e l'aria è carica di veleni. In un'intervista al «Corriere» il sindaco di Milano Gabriele Albertini avanza il sospetto che la plusvalenza possa essere servita a Gavio per aiutare l'Unipol nella scalata alla Bnl, che ha molti sostenitori fra i big diessini. Fra polemiche al vetriolo e querele, finisce in una bolla di sapone. Ma perché una Provincia abbia dovuto regalare tutti quei soldi dei contribuenti a un ricco imprenditore privato non l'abbiamo ancora capito.

10

Finanziare Pompei? Meglio il calcio

Gli imprenditori italiani ultimi in Europa per contributi alla cultura

Si dice che Ercole fondò la città dopo aver strangolato in una grotta sul Vesuvio il diabolico Caco facendogli schizzare gli occhi fuori dalle orbite. E dire che la cosa, a dispetto della forza mostruosa che il figlio di Zeus dovette impiegare, non venne nemmeno classificata sotto la voce «fatica». Comunque una sciocchezza, al confronto dell'impresa di David Woodley Packard: un cittadino statunitense che sta salvando Ercolano. Di soldi, particolare non secondario, ne ha montagne. È il figlio di David Packard, cofondatore della multinazionale dei computer Hewlett-Packard, ed è dominato da un amore sconfinato per l'archeologia e per la cittadina sepolta dall'eruzione del vulcano nel 79 dopo Cristo insieme a Pompei. Nel 2001 ha fatto un accordo con la Soprintendenza e da allora finanzia attraverso il Packard Humanities Institute, di cui è presidente, gli scavi e la manutenzione del sito. «La passione che muove Packard», ha scritto nel luglio 2012 sul «Corriere» Pierluigi Battista, «non è il lucro finanziario, ma il desiderio di legare il proprio nome al salvataggio di un patrimonio culturale dell'umanità. Con 16 milioni di euro e uno staff di giovani collaboratori tutti più o meno sotto i quarant'anni, crea e finanzia l'Herculaneum Conservation Project con il contributo della Soprintendenza per i beni archeologici di Napoli e Pompei. I risultati sono sotto gli occhi di tutti: a Pompei il degrado, distruzione, crolli e abbandono; a Ercolano la rinascita, la manutenzione, la conservazione intelligente di un bene immenso.»

Senza contare che dal 2001, anno in cui Packard ottiene l'autorizzazione per investire a Ercolano, il numero dei visitatori paganti è salito del 42 per cento, con un incasso che nel 2011 ha toccato un milione e 635.000 euro, più che raddoppiando nel giro di dieci anni. Nel 2012, poi, sarebbe andata ancora meglio se, come ha denunciato il 27 luglio un'agenzia Ansa, fosse stato possibile pagare il biglietto con il bancomat o la carta di credito: opzione a quanto pare non prevista, come del resto a Pompei, per l'assenza del pos. Ma questa è l'Italia. La crescita dei turisti è un fenomeno esattamente contrario a quello che si è verificato in altri importantissimi siti archeologici, al pari di Ercolano tutelati dall'Onu come «patrimonio dell'umanità» ma che non hanno avuto la stessa fortuna. Paestum, per esempio. O Villa Adriana, che da quando ha il bollino dell'Onu ha perso il 41,8 per cento dei biglietti a pagamento. E questo grazie allo stato di incuria nel quale versa da anni, dovuto in parti uguali alla mancanza di soldi e allo sconcertante disinteresse di chi se ne dovrebbe occupare.

Stando a Battista, il caso di Ercolano «è la smentita di un luogo comune e di un pregiudizio: quello secondo cui i privati siano dei predatori che vogliono far merce dei nostri tesori artistici mentre lo Stato, il pubblico è il titolare dell'interesse generale e del bene comune». Certo è che il paragone con Pompei, dove sono stati spesi negli ultimi anni circa 80 milioni, parte dei quali impiegati durante il commissariamento per compiere un autentico e premeditato affronto all'archeologia qual è il cosiddetto restauro del Teatro romano, rifatto *ex novo* con cemento armato e mattoni di tufo, è davvero istruttivo. Nel 2001, quando David Packard junior arrivò per caso a Ercolano, due terzi dell'area erano chiusi al pubblico. Nel 2012 la fetta off limits è ridotta alla metà. Per non parlare dello stato di conservazione. «A Pompei», scrive Battista, «le infiltrazioni continuano a massacrare le costruzioni già funestate da crolli. Il terreno è ricoperto di detriti. L'incuria è totale: si è staccato persino il telone bianco che dovrebbe ricoprire le macerie della Schola Armaturarum. Il personale che lavora è assente, pigro, pletorico, costoso, di frequente in sciopero. Come era Herculaneaum fino a una decina di anni fa, quando molte case erano puntellate e inaccessibili. Dove oggi è stato messo in sicurezza l'intero patrimonio. Affreschi e mosaici sono al riparo dal guano dei piccioni. L'80 per cento degli edifici è stato dotato di coperture. Una decina di case sono diventate visitabili. Le acque piovane sono state canalizzate e il sistema fognario è stato ripristinato. Perfino le toilette sono pulite per gli oltre 300.000 visitatori all'anno, le informazioni sono chiare e il personale è cortese.»

Nemmeno Packard, certo, ha potuto fare miracoli se sono vere le cose che ha raccontato sulla «Repubblica», il 12 luglio 2010, Alberto Custodero: «A Ercolano il museo antiquarium è una struttura fantasma. Nonostante sia stato costruito 35 anni fa e inaugurato due volte, nel '78 e nel '93 (le vetrine ancora imballate), non è mai stato aperto. I quattromila reperti archeologici che dovrebbe ospitare giacciono da anni blindati nel caveau di una banca. O depositati in magazzini, alcuni dei quali infiltrati dalle piogge. La "culla di legno carbonizzata", la "statua di bronzo di Bacco", le "sculture della Casa dei Cervi", gli "ori" riemersi fra gli scheletri, e poi la mobilia annerita dai 500 gradi della nube ardente vulcanica sono solo alcune delle perle del "museo che non c'è" negate alla curiosità dei 300.000 visitatori che si recano ogni anno a Ercolano». Ma rispetto a Pompei, quindici chilometri di distanza, è come trovarsi su un altro pianeta.

Ercolano? Più denari per le elezioni di Letizia Moratti

Forse ha ragione Pierluigi Battista sul luogo comune dei privati predatori in contrapposizione allo Stato difensore del bene di tutti. Ma certo una domanda sorge spontanea. Perché un americano investe i suoi soldi nella salvezza di Ercolano, per giunta senza apparenti ritorni di natura economica o aziendale, mentre non c'è un solo capitano d'industria italiano disposto a fare lo stesso nel proprio Paese? Meglio, uno c'è: Diego Della Valle, che ha deciso di investire 25 milioni di euro per i restauri del Colosseo. Giù il cappello, naturalmente. Anche se c'è un bel tornaconto, pur non volendo considerare gli sgravi fiscali. Una sponsorizzazione, come quella di cui stiamo parlando, è qualcosa di diverso dal mecenatismo puro. E comunque le polemiche furiose che hanno investito l'iniziativa del padrone della Tod's, rischiando persino di farla saltare, la dicono lunga sull'aria che tira. Del resto, il consorzio francese Epadesa, che si era offerto di sponsorizzare Pompei con 200 milioni, non è scappato a gambe levate? Il senatore napoletano ex diessino passato ai Responsabili, Riccardo Villari, ha detto al «Mattino» che i francesi esigevano di realizzare direttamente i restauri, senza gare. Tanto è bastato per indurre l'architetto Antonio Irlando, dell'Osservatorio patrimonio culturale, a pretendere una indagine della magistratura oltre a una inchiesta interna al ministero dei Beni culturali. Mentre l'ex sindaco di Ercolano Luisa Bossa, dal 2008 deputato del Pd, all'inizio dell'estate 2012 girava il coltello nella piaga: «Perdiamo credibilità. Pesano l'insufficiente attenzione data dal governo e dalle istituzioni locali al rilancio di Pompei. Gli investitori esteri arrivano, come dimostra il caso di Ercolano, solo se sul territorio si dimostrano serietà, rigore, competenza, affidabilità. Evidentemente il progetto su Pompei non ha saputo guadagnarsi quest'attenzione. Il ministro Ornaghi e il governatore Caldoro dovrebbero rendere conto di questo dietrofront che appare, con tutta evidenza, come una bocciatura della credibilità degli annunciati progetti su un'area archeologica che il mondo ci invidia e che noi non sappiamo valorizzare». Parole, ancora parole... Possibile che i nostri politici non sappiano andare mai oltre?

Certo, come spiegheremo più avanti in Italia non è facile per i privati mettere soldi nei beni culturali, e questa ne è la dimostrazione. Ma siamo sicuri che sia soltanto colpa di una burocrazia ottusa e gelosa delle proprie prerogative? Perché allora l'imprenditore giapponese Yuzo Yagi ha messo sul piatto un milione per il restauro della piramide Cestia, a Roma? E la onlus americana World Monuments Fund ha sponsorizzato con 880.000 euro la riapertura del Tempio di Portuno? Torniamo allora alla domanda di prima. Perché i bravi imprenditori italiani e i nostri finanzieri dalle liquidazioni plurimilionarie invece dormono?

Forse non hanno i soldi? Difficile da sostenere. Mentre David Packard junior spendeva l'equivalente di 16 milioni di euro per i restauri di Ercolano, Gian Marco Moratti sborsava senza fare una piega quasi 18 milioni (17.955.000 euro, esattamente) per finanziare le due campagne elettorali di sua moglie Letizia Brichetto Moratti: la seconda delle quali, disastrosa e perdente, costata al patron della Saras oltre 11 milioni e mezzo. Non è l'unico, intendiamoci. I nostri imprenditori sono molto più generosi con i politici che con i monumenti. Ma cosa volete che siano 11 milioni e mezzo per Gian Marco Moratti, uno dei più ricchi petrolieri italiani? Per incassare quella cifra dai contributi spettanti dal 1992 ai produttori di energie rinnovabili «o assimilate», in base alla famosa delibera nota con la sigla di Cip6, la Saras dei Moratti impiega meno di tre mesi. E la somma astronomica stanziata da Gian Marco per far conquistare alla consorte la poltrona di sindaco di Milano impallidisce di fronte alla quantità semplicemente inconcepibile di quattrini che suo fratello Massimo ha bruciato nell'Inter. Tanti che non si riesce a fare il conto. Basta dire che i 16 milioni investiti a Ercolano dall'appassionato filantropo statunitense corrispondono a poco più di un anno di stipendio dell'ex allenatore nerazzurro José Mourinho.

Ma non sarebbero nemmeno stati sufficienti, paragonati ai valori dell'epoca, a pagare nel 1984 il trasferimento dal Barcellona al Napoli di Diego Armando Maradona.

Tutti pazzi per il pallone

Molti fanno risalire la svolta miliardaria del calcio *made in Italy* soprattutto a quell'episodio. Per portarlo a Napoli il costruttore Corrado Ferlaino, ai tempi considerato uno degli imprenditori più in vista della città, non pose limiti al suo portafoglio, dal quale, grazie ai generosi finanziamenti del Banco di Napoli di Ferdinando Ventriglia, uscì una somma favolosa per quei tempi, paragonabile a 17 milioni e mezzo di oggi. A Ercolano ogni tanto va anche lui, a festeggiare il compleanno. Ecco il resoconto pubblicato dall'agenzia Ansa il 14 maggio 2011: «Corrado Ferlaino, l'ex patron del Napoli calcio, festeggia questa sera l'ottantesimo compleanno nel suo albergo al Miglio d'Oro Park Hotel di Ercolano, un "quattro stelle plus" a metà strada tra gli scavi e il centro storico, nato dalla riconversione della settecentesca Villa Aprile. Nel garden hall restaurant da 400 posti il presidente brinda e festeggia con la parte migliore di Napoli: imprenditori, esponenti del mondo politico, giornalisti, colleghi di vecchi successi del Napoli di Maradona. Tra i tavoli, oltre agli amici più cari, i cinque figli Giulio, Tiziana, Luca, Cristiana, Francesca e la compagna Roberta Cassol. Tra gli invitati figurano Gianni Lettieri, Maurizio Maddaloni, Marcello Taglialatela, il sindaco di Ercolano Vincenzo Strazzullo. Nel corso della serata sono attesi anche Nicola Arnone, Libero Spiezia, gli onorevoli del Pd Luigi Nicolais e Luisa Bossa. Semplice il menu: antipasti di salumi, la pajella, pasta e patate con provola al forno e contorni. Il tutto innaffiato da Falanghina. Alle 23.00 è prevista una sorpresa particolare: un video di sette minuti in cui il cronista sportivo Mimmo Carratelli ripercorrerà in breve la carriera dell'ex patron del Napoli. Il "moon party" andrà avanti tutta la notte allietato dalla buona musica di Monica Sarnelli». Buon divertimento.

Il calcio, altro che l'archeologia: questa è la vera passione dei nostri capitani coraggiosi. Succede in tutta Europa, direte. Sicuro. Sicurissimo. Come anche nel resto del mondo lo sport professionistico non camperebbe senza i soldi che arrivano dall'economia. E certi contratti delle star americane del basket non hanno proprio nulla da invidiare a quelli di calciatori o allenatori ingaggiati dalle nostre squadre. Ma qui è diverso. Molto diverso. Si capisce da alcuni particolari.

Un imprenditore quale Silvio Berlusconi, che, come egli stesso ama spesso ripetere, è stato presidente del Consiglio più a lungo di chiunque altro con l'eccezione di Benito Mussolini e che, secondo la rivista americana «Forbes», è arrivato all'inizio degli anni Duemila a sfiorare l'ingresso nella top ten dei più ricchi del pianeta, non ha certo legato il proprio nome alla salvezza di un importante sito archeologico. In compenso ha investito nel Milan calcio quantità spaventose di denaro. Convinto di aver fatto un altro passo decisivo verso la Storia. Ha detto a Radio Radio, il 12 maggio del 2011, dopo che la sua squadra aveva vinto l'ennesimo scudetto: «Il ventisettesimo trofeo della mia gestione conferma il Milan come il club più titolato al mondo e fa di me il presidente che nella storia del calcio internazionale ha vinto di più. Bernabéu, il numero due della storia del calcio, ha vinto la metà dei trofei che ho vinto io e a lui i tifosi hanno dedicato lo stadio. A me basterebbe che mi dedicassero un'ala, una piccola iscrizione nello stadio di San Siro in cui si dice: "Il Milan ebbe a vincere tutte queste cose sotto la presidenza Berlusconi". Mi accontenterei di questo».

Un discorsetto che spiega molto bene, per esempio, perché durante i suoi anni a Palazzo Chigi le abbiano studiate tutte pur di mettere una pezza a un sistema, il mondo del pallone, malato cronico incurabile. Basterebbe ricordare il famigerato decreto salva-calcio approvato in fretta e furia con l'obiettivo di permettere alle società calcistiche di spesare in dieci anni nei propri bilanci il costo dei giocatori: una iniziativa che sarebbe stata sonoramente bocciata dall'Unione europea. Per non parlare di quell'altra leggina approvata l'8 agosto del 2002 sulle «transazioni dei crediti tributari di particolare rilevanza», che ha consentito di pagare i debiti con il Fisco in ventitré anni e a particolari condizioni. Avrebbe potuto Claudio Lotito, nel 2004, far fronte al macigno di 140 milioni di arretrati fiscali lasciati in eredità da Sergio Cragnotti e rimettere la Lazio in carreggiata, senza quel salvagente? Ci sono molti dubbi.

Tagliamo i fondi alla cultura. Ma salviamo il calcio!

La certezza, invece, è che, mentre la missione di salvataggio del circo calcistico procedeva speditamente, il disinteresse governativo per i nostri tesori storici, artistici e monumentali avanzava di pari passo. Fra il 2001 e il 2011, periodo nel quale il Cavaliere ha governato per quasi nove anni su undici, gli stanziamenti governativi e i fondi statali per la cultura sono stati tagliati da 2 miliardi e 241 milioni a un miliardo e 425 milioni. In rapporto alla ricchezza prodotta nel Paese li hanno dimezzati, riducendoli dallo 0,37 allo 0,19 per cento del Pil. Meno di un settimo rispetto a quelli della Francia, che destina alla cultura 7 miliardi e mezzo l'anno. Avvilente.

Il massimo è la vicenda di Pompei, come abbiamo già raccontato in *Vandali*. Nel luglio del 2008, appena tornato a Palazzo Chigi, Berlusconi commissaria il sito archeologico più importante del mondo. Dalla bocca gli escono parole di fuoco: «Pompei si trova in uno stato di indecenza. Abbiamo deciso di nominare un commissario per riportarlo alla dignità che merita».

Due anni dopo la Corte dei conti stronca l'operazione, costellata di iniziative incredibili quali il grottesco rifacimento del Teatro romano, oppure un censimento di 55 cani randagi che si aggirano fra le rovine pisciando sulle pareti affrescate costato ben 103.000 euro. Nella lista non manca il conto delle spese per l'organizzazione di una visita ufficiale, prevista per il 28 ottobre 2010, del premier Berlusconi: 81.275 euro, compreso il costo di una orrenda moquette presidenziale bianca stesa sulla via che conduce alla casa di Marco Lucrezio Frontone, e compresi 9600 euro per il ristorante Il Principe. Un comunicato stampa di Palazzo Chigi impartisce alla stampa istruzioni dettagliatissime: «I giornalisti e i foto-cine-operatori interessati a seguire l'evento dovranno inderogabilmente inviare un apposito accredito su carta intestata contenente i propri dati anagrafici ed il numero della loro tessera professionale al seguente numero fax 081-7943373 della Prefettura di Napoli oppure all'indirizzo di posta elettronica: ufficio.comunicazione@utgnapoli.it entro e non oltre le ore 12:00 di lunedì 27 ottobre. Gli accrediti potranno essere ritirati dalle ore 8:30 del 28 ottobre 2008 presso il desk stampa dell'auditorium degli scavi».

Quindici giorni prima, a Washington, il Cavaliere è rimasto «incantato» da una mostra su Pompei e le ville romane che ha visto alla National Gallery insieme a Laura Bush, moglie del suo amico presidente degli Stati Uniti George W. Bush. Davanti ai giornalisti gonfia orgoglioso il petto: «Oggi con la signora Laura siamo andati a visitare una casa di Pompei così come era duemila anni fa. Un livello artistico e di gusto straordinari. Abbiamo la fortuna, senza meriti nostri naturalmente, di avere questo passato, un passato che si esprime anche attraverso ciò che in questa mostra si può vedere».

Ma a Pompei, il 28 ottobre, Berlusconi non mette piede. Nove giorni più tardi, il 6 novembre, viene giù la Schola Armaturarum, la scuola dei gladiatori. Crollo diventato anche a livello internazionale il simbolo di una nostra indifferenza criminale nei confronti dell'immenso patrimonio culturale.

«Una vergogna per l'Italia», s'indigna il presidente della Repubblica Giorgio Napolitano.

Italia, 58 milioni. Germania, 4 miliardi

E come non arrossire di vergogna davanti ai numeri rivelati a marzo 2012 dal professor Luciano Segreto dell'Università degli Studi di Firenze durante un convegno sul mecenatismo organizzato dalla Fondazione Cesifin Alberto Predieri? Nel 2011 i privati italiani hanno devoluto per i beni culturali appena 58 milioni, tutto compreso. Un'elemosina, soprattutto se si tiene conto che metà di questa somma l'hanno sganciata le fondazioni bancarie, le quali hanno i finanziamenti alla cultura fra gli scopi statutari. Sapete invece quanti soldi hanno messo a disposizione i privati tedeschi per un patrimonio certo non superiore al nostro? Quattro miliardi. Gli inglesi? In due anni, l'equivalente di 740 milioni di euro. I francesi? Nel solo 2009, ben 380 milioni.

Di sicuro la nostra normativa è poco incoraggiante. Non soltanto. Per dirla con il professor Manlio Frigo dell'Università degli Studi di Milano, le difficoltà che ha incontrato Diego Della Valle per sponsorizzare il restauro del Colosseo «è la dimostrazione di quanto sia difficile in Italia coniugare intervento pubblico e privato e di come spesso ricorsi anche pretestuosi alle autorità amministrative o giudiziarie abbiano l'effetto di bloccare qualsiasi iniziativa».

Verissimo. Pietro Antonio Valentino, docente di Economia alla Sapienza di Roma, spiega che il sistema fiscale italiano non incentiva i contributi delle persone fisiche, favorendo invece maggiormente quelli delle imprese: nel periodo dal 2005 al 2009 le società hanno versato il 64,4 per cento dei soldi privati alla cultura, contro il 35,4 per cento delle fondazioni bancarie e appena lo 0,2 per cento dei singoli.

Il contributo medio proveniente dalle imprese è stato nel periodo 2005-2008 di 37.006 euro. Denari destinati, argomenta il professor Valentino, «prevalentemente alle attività dello spettacolo. La dimensione media delle erogazioni a favore dello spettacolo raggiunge i 76.331 euro ed è quattro volte più elevata di quella a favore dei beni culturali. Le fondazioni liriche fanno la parte del leone. Nel 2009, da sola, la Fondazione del Teatro alla Scala è stata destinataria di circa l'11 per cento del totale delle erogazioni. Rispetto al 2005, le erogazioni a favore della Scala si erano comunque ridotte del 60 per cento». Andiamo avanti. «Le donazioni sono fortemente correlate all'andamento dell'economia e nei periodi di crisi, quando sarebbero più necessarie, tendono a ridursi significativamente. Nel 2009 si sono ridotte del 14,7 per cento rispetto all'anno precedente.» Effetto del taglio dei contributi delle fondazioni bancarie. Anche se la flessione non ha certo risparmiato le erogazioni delle imprese, diminuite mediamente del 2,3 per cento annuo fra il 2005 e il 2009. Ma quanti sono i donatori? Le imprese sono meno di 900 l'anno: il picco è stato raggiunto nel 2007, con 1085. Gli enti no-profit, come le fondazioni bancarie, mediamente un centinaio. Le persone fisiche, appena una manciata: il record è del 2005, quando non furono più di 36.

Valentino punta il dito contro quello che chiama il «barocchismo delle procedure». Il fatto è che nei Paesi dove le donazioni private hanno un peso consistente tutte le incombenze amministrative sono a carico del beneficiario: il museo, l'ente pubblico, il ministero. Al donatore basta una semplice ricevuta: «Il visitatore dell'abbazia di Westminster a Londra trova sui banchi una busta gialla dentro la quale può lasciare la sua donazione in contanti e scrivendo il suo nome e indirizzo sulla busta la procedura burocratica è conclusa. Riceverà a casa dall'ente beneficiario una ricevuta valida a fini fiscali. E l'evasione e l'elusione fiscale nel Regno Unito non ne risente; è inferiore che in Italia».

Non è un caso, come ha scritto Maria Adelaide Marchesoni sul «Sole 24 Ore», che nell'anno fiscale 2010-2011 i contributi privati abbiano rappresentato il 62 per cento dei finanziamenti pervenuti alla Tate Gallery di Londra. E che il museo abbia ampliato la collezione di ben 287 opere anche grazie a massicce donazioni.

Qui, invece, è tutto complicatissimo. Un'impresa intenzionata a dare un contributo per l'arte o la cultura deve compilare un modulo apposito e spedirlo al ministero dei Beni culturali. Non senza aver comunicato l'avvenuto versamento all'Agenzia delle entrate per via telematica con una lunghissima serie di informazioni supplementari. Credete che sia finita? Macché. Le norme prescrivono che «le erogazioni liberali in favore dello Stato devono essere effettuate mediante versamento presso una delle sezioni provinciali della Tesoreria Provinciale dello Stato». Roba da far passare la voglia anche a Mecenate. Valentino conclude che, applicando un sistema semplice come quello in vigore per le detrazioni fiscali delle spese farmaceutiche, per cui è sufficiente allegare gli scontrini alla dichiarazione dei redditi, e dotando i musei italiani di postazioni ben visibili per la raccolta dei contributi, si potrebbero raggranellare 279 milioni di euro l'anno: contro i 190.000 euro che hanno rappresentato nel 2009 il bottino delle donazioni individuali.

Mecenate non abita più qui

Questa è una faccia della medaglia. Poi c'è l'altra. Se per il professor Elio Borgonovi della Bocconi «la revisione di un sistema di tassazione che riconoscesse il valore sociale del mecenatismo potrebbe dare slancio ad un nuovo rinascimento dell'arte e della cultura», Segreto tira in ballo una «questione di sensibilità della grande impresa». Sen-si-bi-li-tà. La verità è che un sistema così complicato affonda le sue radici in un terreno favorevole. Se non c'è stata finora una spinta a semplificare procedure burocratiche assurde, insomma, una ragione c'è. Anche se dirlo non è piacevole. Per un imprenditore italiano l'essere «arrivato» coincide spesso con il possesso di una squadra di calcio. Certo non con il salvataggio di un importante sito archeologico. Una squadra di calcio l'avevano Calisto Tanzi e Sergio Cragnotti. Ce l'hanno Berlusconi, la famiglia Agnelli, i Moratti. Ce l'ha perfino Della Valle. Spiegarne le ragioni è più materia per storici e sociologi.

Rispetto però a Paesi dove il ruolo dell'imprenditore privato assume una riconoscibilità sociale attraverso le cose che si mettono a disposizione volontariamente per la collettività con iniziative filantropiche, a cominciare proprio dai finanziamenti generosi alla cultura, la distanza è siderale.

La fondazione creata da Robert Lehman, l'ultimo appartenente a quella famiglia a guidare la banca d'affari Lehman Brothers, tragicamente fallita nel 2008, al momento della sua morte, nel 1969, ha devoluto al Metropolitan Museum di New York tremila opere d'arte. Fedele alla regola secondo la quale negli Stati Uniti non c'è dinastia imprenditoriale che non abbia lasciato un segno concreto nel campo dei beni culturali. Da sempre. Il newyorkese Museum of Modern Art (MoMa) nacque alla fine degli anni Venti del secolo scorso per iniziativa di Abby Aldrich Rockefeller, moglie di John Rockefeller junior, che coinvolse nell'impresa l'industriale Anson Conger Goodyear. La filantropa Caroline Wiess Law destinò 500 milioni di dollari per il Museum of Fine Arts di Houston, in Texas. Per il Getty Museum di Los Angeles il petroliere Jean Paul Getty elargì la ancor più spettacolare somma di 660 milioni di dollari. Trent'anni dopo 34 miliardari americani, fra cui Warren Buffett e il fondatore di Microsoft, Bill Gates, hanno sottoscritto un appello per destinare a opere filantropiche almeno metà del patrimonio accumulato nel corso della loro vita. Gates e Buffett figurano regolarmente in testa alla classifica stilata ogni anno da «The Chronicle of Philanthropy». Nel 2011 i cinquanta donatori più generosi hanno versato a fondazioni, università, musei e opere benefiche qualcosa come 10 miliardi e 430 milioni di dollari. Alice Walton, figlia di Sam Walton, fondatore della Wal-Mart, la più grande catena di distribuzione mondiale, ha donato 800 milioni di dollari per il Crystal Bridges Museum of American Art. A Bentonville nell'Arkansas, 37.000 abitanti: città più piccola di Monterotondo, in provincia di Roma. Senza arrivare a tanto, il riccone David Rubenstein ha messo a disposizione del Municipio della capitale americana 7 milioni e mezzo di dollari per riparare i danni causati dal terremoto del 23 agosto 2011 al Washington Monument. Mentre David Koch, multimiliardario azionista delle Koch Industries, che aveva già contribuito con 100 milioni al rifacimento del teatro del Lincoln Center, ne ha sborsati altri 35 perché il National Museum of Natural History di New York possa allestire una nuova sala per i dinosauri. «Mi hanno sempre affascinato fin da bambino. Un museo di storia naturale che si rispetti non può non avere uno spazio adeguato per loro», ha detto. Ecco il segreto: mai smettere di sentirsi bambini e di sognare. Quello che molti italiani non sono più capaci di fare.

Indice dei nomi

Ringraziamenti

Grazie agli amici del Centro di Documentazione del «Corriere della Sera» e della Rizzoli. Grazie a Infocamere, che ha consentito di verificare puntualmente le notizie societarie. Grazie a tutti coloro che hanno contributo con idee e suggerimenti preziosi. Grazie a Gianfranco Cerasoli, Roberto Cetera, Luigi Ferrarella, Vittorio Malagutti, Massimo Mucchetti, Giuseppe Rossodivita, Fiorenza Sarzanini, Mauro Zampini. Ma un ringraziamento davvero speciale va ancora una volta a Michela Cosili e Sara Grazioli: senza il loro aiuto sarebbe stata un'impresa impossibile.

Indice

Finito di stampare
nel mese di ottobre 2012 presso il
Nuovo Istituto Italiano d'Arti Grafiche - Bergamo

Printed in Italy